沂蒙文化价值
及其传播路径选择

叶艳宁　著

吉林人民出版社

图书在版编目（CIP）数据

沂蒙文化价值及其传播路径选择 / 叶艳宁著. -- 长
春：吉林人民出版社，2022.9
ISBN 978-7-206-19540-2

Ⅰ．①沂… Ⅱ．①叶… Ⅲ．①文化史－研究－山东
Ⅳ．①K295.2

中国版本图书馆CIP数据核字（2022）第226791号

沂蒙文化价值及其传播路径选择
YIMENG WENHUA JIAZHI JIQI CHUANBO LUJING XUANZE

著　　者：叶艳宁
责任编辑：孙　一　　　　　　　封面设计：王　哲
出版发行：吉林人民出版社（长春市人民大街 7548 号　　邮政编码：130022）
印　　刷：长春市华远印务有限公司
开　　本：710mm×1000mm　　　1/16
印　　张：6　　　　　　　　　　字　　数：100 千字
标准书号：ISBN 978-7-206-19540-2
版　　次：2023 年 9 月第 1 版　　印　　次：2023 年 9 月第 1 次印刷
定　　价：58.00 元

作者简介

　　叶艳宁，1981年生，山东临沂人，研究生学历，博士学位。2006年毕业于山东大学，现为山东艺术学院戏曲学院副教授。主要研究方向为文艺传播学、戏剧戏曲学。自任教以来，先后承担山东省社科规划研究项目1项，山东省艺术科学重点课题3项，山东省高等学校人文社会科学研究项目1项，在《青年记者》《云南艺术学院学报》《吉林艺术学院学报》《传媒》《齐鲁艺苑》等刊物发表学术论文10余篇，出版学术专著一部。

前　言

　　中国是一个物华天宝、人杰地灵的多民族融合的泱泱大国，在沧桑巨变中谱写了一部无与伦比的绵延不绝的文化与文明发展史。中国传统文化，是屡经历代变迁而仍然保持着某种同一性的文化元素，是在现实中活动着的历史，是在革故鼎新的流程中代代累积、前后相因的文化脉络。它始终活在国人心中，并以不同的方式在不同的程度上影响着不同层次的人们的思想和行为。而历久不衰的中华优秀传统文化，又是由各具特色的区域文化在长期的历史发展中经过相互渗透、交流、融合而形成的。

　　沂蒙山区，峰奇崮秀，风景优美，自然景观和人文景观众多，是东夷文化的发祥地，有着丰厚的古文化内涵。从古至今，在沂蒙人民身上，既有淳厚清新的民风、民情，典雅古朴的民俗，又有着勤劳、勇敢、善良、正直的品格；既有任劳任怨、无私奉献的美德，又有着改革开放、锐意进取的时代精神。独特的自然条件、种种历史原因和社会背景，形成了独具特色的沂蒙文化。其鲜明的文化特色，是其他地方难以比拟的。

　　本书以沂蒙文化的生成与演进为切入点，在阐释形态的内涵、特征、表现及地位的基础上，解读沂蒙文化的经济价值、文化价值和德育价值，并提出沂蒙文化价值的实现路径，最后以发展的眼光来探索沂蒙文化传播的多元路径与效率提升。

　　本书借助通俗易懂的语言、系统明了的结构、全面丰富的知识点，对沂蒙文化价值及其传播路径展开探索，充分体现出本书的科学性、系统性、全面性、时代性、实用性等显著特点，以期对读者有所帮助。

　　笔者在撰写本书的过程中，得到了许多专家、学者的帮助和指导，在此表示诚挚的谢意。由于笔者水平有限，加之时间仓促，书中所涉及的内容难免有疏漏之处，希望各位读者多提宝贵意见，以便笔者进一步修改，使之更加完善。

目　录

第一章　沂蒙文化生成及形态认知

第一节　沂蒙文化生成与演进

沂蒙文化是历史悠久的区域文化，发源于自南向北的沂沭河流域及东西向的蒙山一带，历久弥新。沂蒙文化的萌芽最早可追溯到远古时期，它是对东夷文化的继承，经过商周时期一直到今天的发展，呈现出原始性、包容性特征，且绵延不绝。

从古至今，沂蒙文化始终跟随时代发展的步伐，博采众长，具有极大的包容性，时间赋予了它顽强的生命力，让它在新时代仍不断创新，进一步扩大影响力。经过漫长的历史发展，沂蒙文化变得更加熠熠生辉，是中华文化中一颗璀璨的明珠。本节主要探讨沂蒙文化的形成和发展过程。

一、沂蒙文化的生成

社会的发展变化是一个十分漫长的过程，社会中的人们生活在不同的区域和环境中，有着不同的文化背景和风俗习惯，因此形成了多种多样的地域文化。

山东的沂蒙文化独具特色、与众不同，与齐文化和鲁文化有着千丝万缕的联系。追溯沂蒙文化的起源可知，它与齐文化、鲁文化是三足鼎立的关系，是齐鲁文化的重要组成部分，但三者又有明显的区别。三者的不同是：沂蒙文化诞生于远古时期，是对东夷文化的继承和发展，而齐文化和鲁文化则发源于西周初年的封国齐国和鲁国。从这一点来看，沂蒙文化历史悠久且能够适应时代的发展变化，可以将其作为独立的区域文化进行深入的研究。

从地理学角度来看，《尚书·禹贡》一书中有"沂""蒙"两个字的最早记录，书中提到先民们在夏朝时就已经认识到淮河与沂河的重要性，只有治理好这两条河，才能保证蒙山和羽山地区五谷丰登。书中的这一记载说明，远古时期的蒙山与沂河一带区域就已经孕育了古老的文明，祖先们就曾生活在这里。蒙山与沂河不只是地理上的概念，更是区域的代表。

分布于蒙山一带和沂沭河流域的沂蒙区域，就是《诗·鲁颂·閟宫》中所指的"大东"地区："奄有龟蒙，遂荒大东。"后被称为"琅琊"。在《管子·戒》中，曾经明确记载了齐桓公东游时跟管仲说的一段话，其中一句是："我游犹轴转斛，南至琅琊。"在《晏子春秋·内篇问》（下）中，也记录了齐景公出游询问晏子的话语："吾欲观于转附朝舞，遵海而南，至于琅琊。寡人问修，寡人何修则夫人之游？"此外，司马迁在《史记·田敬仲完世家》（《史记》卷四十六）中写到田常杀齐简公、立齐平公这段历史时，也有一段关于琅琊的记载："田常于是尽诛鲍、晏、监止及公族之强者，而割齐自安平以东至琅琊，自为封邑。"另据《后汉书·郡国志》记载："琅琊国十三城，户两万八百零四，人口五十七万九百六十七人。"1759年（清乾隆二十四年），沂州知府李希贤还主持建立了"琅琊书院"。琅琊"壤错齐鲁，居近圣人，代有名流，地多遗迹，百昌怒生，矿脉纵横"。

蒙山，"立如砥柱、峭如铦锋，隐如伏虎、突如惊龙"；"云气缭绕、彩虹长生，松涛水声、山鸟和鸣"。春秋战国时代，蒙山留下了孔子、庄子、鬼谷子等圣贤祖师的游览足迹。《诗·豳风·东山》中所指的"东山"

就是"蒙山"。《孟子·尽心上》也曾记载"孔子登东山而小鲁"。所以，蒙山前有"子宿村"，村中原有"子宿碑"，而且留下了"大通岩""小鲁处""圣憩石"等遗迹，至今犹存。正如《诗经·东山》所言："我徂东山，慆慆不归。我来自东，零雨其濛。"李白、杜甫结伴同游蒙山，杜甫写下了"余亦东蒙客，怜君如弟兄。醉眠秋共被，携手日同行"和"秋来相顾尚飘蓬，未就丹砂愧葛洪"的名诗；北宋文学家苏轼登蒙山时留下了"不惊渤海桑田变，来看龟蒙漏泽春"的名句；明代沂蒙籍文学家公鼐除作了《东蒙山赋》外，还多次写诗咏赞蒙山，如《望东蒙吟有寄》云："蒙山秀出东海边，海上白云相与联。昼倚青峰望五岳，夜凌绝磴攀青天。"清朝皇帝康熙和乾隆曾分别于康熙二十三年（1684）、二十八年（1689）、三十七年（1698）、四十二年（1703）和乾隆十六年（1751）、二十二年（1757）、二十六年（1761）至二十七年（1762）初、三十年（1765）、四十五年（1780）、四十九年（1784）到沂蒙地区巡视，并多次驻跸蒙山祭天，赋诗盛赞蒙山之雄奇。康熙在《蒙阴晓雪》中写道："一片寒云向晓封，雪花应候慰三农。马蹄碎踏琼瑶路，隔断蒙山顶上峰。"乾隆在《过蒙山》中写道："乃在蒙羽阳，颛臾考古封，回首望云岩，崔巍扶郁葱。"

从古至今，人类大多选择居住在水草丰茂的地方，沂蒙的先民们也一样。《管子·水地》篇中提到，水是大地的血气，就像人身上的经脉一样流通着。土地是自然万物赖以生存的前提，水就是大地的血脉。万物生长离不开水，不同区域的水和大地哺育了不同的人民。沂蒙人世代居住在沂河流域，受到沂河的滋养，形成了独具特色的文化。沂水的发源地是蒙阴西北艾山，《水经注》中对此有明确的记载。蒙阴山的数条河流汇聚形成了沂水。沂水绕城，生活在两岸的人民饮沂河之水，也享有灌溉之利。因此，沂蒙人民崇拜蒙山和沂水是完全合理的，它们就是地区文化的名片，孕育了地区独特的文化。生活于沂蒙地区的人们经过数千年的发展，不断开拓创新，积淀了深厚的历史文化，人们将其统称为"沂蒙文化"。

考古学家发现，180万年前的中华大地就已经有了人类活动的痕迹，从地质学角度来看，这一时期在龙川冰期后。考古学家把山东的史前

3

文化称为"海岱文化"。汶泗流域、沂沭河流域、潍淄流域各种文化的融合发展，形成了海岱文化，虽然经历了不同阶段，但这些文化却一脉相承。早期沂沭河流域的文化有刘林型、花厅型等不同的类型，最后发展成了龙山文化。公元前 2600 年前后，海岱文化在沂蒙地区的发展已经相当成熟，进入了古文明时代。

随着文明时代的到来，周朝初年又实行了分封制，山东的封国——齐国和鲁国各自形成了独具特色的文化，历史上称为齐文化和鲁文化。沂蒙地区的东夷族先后建立了多个文明古国，如颛臾、莒、郯、邹等。春秋战国时期，这些不同的国家分属于齐国、鲁国和楚国。古代沂蒙地区被分成了多个不同的国家，因此在给这一区域的文化命名时，不能用其中某个国家的名字。莒国是春秋时期一个很小的国家，将这一区域的文化命名为"莒文化"就不太合适。本书认为，这一地区的文化应该命名为"沂蒙文化"，这一名称出自《尚书·禹贡》。这一名称不仅包含了蒙山和沂水，也将这一地区的东夷文化包含在内。

沂蒙文化的区域，以今天的行政区划来看，包括今临沂市、日照市全境及沂源、临朐、新泰、诸城、峄城、赣榆、东海、新沂、邳县等县区，即鲁东南地区和江苏部分地区，史称"齐鲁锁钥"，是南北地域文化互渐、交融的结合部。

整体来看，沂蒙文化属于区域文化，它拥有完整的谱系及多元的文化，而且独具特色，反映出了地域特征。沂蒙文化具有原始性、交融性等特征，从古至今一脉相承，与时俱进。从远古时期发展至今，沂蒙文化奠定了中华文化的基础，促进了民族文化的繁荣，也是人类文明的瑰宝。

二、沂蒙文化的历史分期

沂蒙文化能够紧跟时代发展的步伐，大约四五十万年前，沂源猿人开创了旧石器文化，这就是沂蒙文化的源头，它在中华民族悠久的历史进程中不断发展演变，生生不息，始终未曾断绝。学界目前还没有确定沂蒙文化的具体历史分期。本书将沂蒙文化大致分为八个历史时期,分别是史前时期、西周至春秋战国时期、秦汉时期、魏晋南北朝时期、隋唐宋金元时期、明清时期、近现代时期和当代时期。

(一)史前时期的沂蒙文化——孕育成长与独立发展

文字产生之前的历史时期被称为史前时期,也就是原始社会。考古学家认为,从古人类开始到发现甲骨文的这一历史时期就是中国的原始社会时期。沂蒙地区的史前时期指的是发现沂源猿人到商朝建立之前的时期。沂源县文物普查人员于 1981 年 9 月 18 日发现了一块猿人头盖骨化石。后来北京大学、山东大学等高校专家通过实地考察又发现了一些猿人骨头和牙齿。通过研究发现,这些猿人与北京猿人相似,都是直立人。专家研究发现,这些骨头和牙齿出自旧石器时期的猿人,后来被称为"沂源猿人",地质学将这一时期称为新生代更新世中期。这是一项重大的发现,是中国境内早期猿人活动的实证,将山东的人类历史又往前推了几十万年。在史前和夏商时期,山东是东夷族人民世代居住的地方,也是东夷众多小国的中心。据说东夷族的祖先是伏羲氏,郯国的祖先是少暤(少昊)金天氏。在这一时期,东夷文化逐渐发展并成熟。文明时代到来之后,又形成了周文化,它与东夷文化相互交融,彼此促进。春秋战国时期,又形成了鲁文化、齐文化、楚文化与沂蒙文化,可以说这一地区是众多文化的发源地。

史前时期十分漫长,距今也很遥远。沂蒙先民们长期生活于蒙山和沂沭河一带,他们在此地安居乐业、辛勤耕耘,形成了独具特色的文化,也留下了丰富的历史遗产,目前考古学家已经发现了各个时期的遗址大约 1000 处。距今四五十万年之前是旧石器时代早期,考古学家在山东发现了沂源县的沂源猿人遗址,沂水县的南洼洞遗址、西水旺遗址等文化遗址。沂蒙地区旧石器时代晚期的遗址也有很多,如沂源县的千人洞、沂水县的湖埠西、莒南县的烟墩岭和九顶莲花山等,这些遗址已经有二三万年的历史。新石器时代遗址分布十分广泛,与旧石器时代晚期遗址有着密切的联系。1982 年,考古学家在沂沭河流域第一次发现了新石器时代的遗址，此前我国还从未发现过新石器时代存在的证明。1982 年后，考古学家在沂沭河两岸的沂水、莒南、兰山等地，又发现了多处新石器时代遗址，如临沂凤凰岭遗址、沂水宅科遗址等。要研究新石器时代沂蒙文化的早期发展水平，可以从沂南葛沟遗址、临沭北沟头遗址、苍山东高尧遗址等历史文化遗址入手。

在史学界，通常把生活于新石器时代的沂蒙先民称为"东夷人"。《礼记·王制》篇载："东曰夷，西曰戎，南曰蛮，北曰狄。"《说文解字》谓"夷，东方之人，从大从弓"，崇拜凤鸟、太阳和山岳。段注云"惟东夷从大。大，人也。夷俗仁，仁者寿，有君子不死之国"。历史上有"九夷"之说。《后汉书·东夷列传》中记载"夷有九种，曰畎夷、于夷、方夷、黄夷、白夷、赤夷、玄夷、风夷、阳夷。故孔子欲居九夷也"。这都属于"夷"或"东夷"的不同支系。在东夷族的发展历史上，最为著名的部落首领有太昊、蚩尤、少昊、大舜等。《孟子·离娄下》载"舜生于诸冯，迁于负夏，卒于鸣条，东夷之人也"。东夷文化是由东夷族人民创造并流传下来的，它发展至今从未间断，具有极大的包容性，并能够与时俱进，促进了人类文明的繁荣进步。从距今 8500—7500 年之间的后李文化开始，经过北辛文化、大汶口文化等不同的历史时期，东夷文化博采众长，文化更加繁荣，走向成熟。这些古老的文明是先民们在漫长的历史发展过程中创造出来的，所以沂蒙地区是史前人类文化发展比较成熟的地区，并对其他地区产生了深远的影响。夏商时期，奴隶社会到来，文字记载和学校已经出现。沂蒙文化的核心是东夷文化，在与夏商文化交流的过程中，彼此相互影响、相互融合，共同进步和发展，也让早期华夏民族的文化向前迈了一大步，进入了文明时代。

许多文献记录了这一时期沂蒙文化发展和传播的情况，由此可知，相比于同时期的其他地区，沂蒙地区的史前文化最早萌芽于旧石器文化晚期，一直生生不息，从未中断，而且传播范围广。经过长时间的积累，沂蒙史前文化底蕴丰厚，反映了时代特征，也为中华文明的进步与发展做出了伟大的贡献。

（二）西周至春秋战国时期的沂蒙文化——走出沂沭河流域、与中原文化交汇互渐

西周至春秋战国时期，沂蒙地区被分割成不同的区域，分属不同的国家。西周建立以后，国土面积逐渐扩大，后来建立了齐国和鲁国，此时的沂蒙文化不再是独立的，其发达的文明对齐国和鲁国产生了深远的影响。当时的沂蒙地区分布着多个小国，如莒、郯、鄫等。这些小国都是由东夷人民建立的，最早可追溯到夏商时期，经过漫长的历史发展，积淀了丰富的文化内涵，文化具有独立性。考古学发现，在商代时期，沂蒙地区的文化仍然保留着自身的特色，经久不衰。到了西周时期，周文王励精图治，以仁善治国，深受人民爱戴，周武王伐纣除暴，重用贤士，为民除害，有古圣人美誉的周公提出了一系列思想主张、制定完善的礼乐制度，这些都深刻影响了沂蒙地区，让东夷文化和周文化相互交融、相互影响。

春秋战国时代，齐、鲁、楚等国的范围不断发展变化，不同地区的文化和沂蒙文化交融在一起，碰撞出文化的火花，其中最主要的是东夷文化和中原文化的相互影响，两种文化并不是趋于一致，而是美美与共，为中原文化注入了新鲜的血液。齐文化强调尊重地区风俗、简化礼仪、礼贤下士，鲁文化注重对习俗和礼仪的变革，亲近高尚的人，楚文化强调开创精神，这些不同的文化与东夷文化并不互斥，而是从东夷文化中不断汲取养分，学习和借鉴东夷文化中的精华，如君子品格、宽宏大度等。交汇后的沂蒙文化重视情义、崇尚节俭，形成了丰富的礼仪文化，既体现了东夷文化底蕴深厚，又吸收了齐文化和鲁文化中的优秀内容，从而变得更加丰富多彩，特色鲜明。

吕尚，也就是姜太公，建立了齐国，创造了灿烂的齐文化，姜太公也是沂蒙文化的代表人物。他原本是东夷人，进一步继承和发展了东夷文化。《国语·郑语》曰："姜，伯夷之后也。"《史记·孔子世家》载：春秋时期齐国公室有所谓"四房之乐"，鲁人则贬称之为"夷狄之乐"。《汉书·地理志》载："东夷天性柔顺。"这主要是指东夷人的那种仁德和君子风范。孔子对东夷文化深为赞赏，曾有"天子失官，学在四夷"

之说（《左传》"昭公十七年"），亦有"欲居九夷"之念（《论语·子罕》）。他在东夷"俗仁"和"君子"说的基础上引"仁"入"礼"，由此创立了以"仁"为核心的儒家思想体系。孔子除到沂蒙地区的蒙山游学外，还至郯"问官"，"见于郯子而学之"。韩愈《师说》中即有"圣人无常师，孔子师郯子"一语。这充分说明了当时鲁文化与东夷文化的相容与互渐。孔子还攀上郯东部的马陵山登高望海（后因此一度改为"孔望山"），并到今沂水县讲学，留有"孔子曝书台"等遗迹。孔门弟子中有许多曾到沂蒙地区从政或讲学，其中子夏曾任莒父（今莒县境内）宰，子游任武城（今平邑县境内）宰，高柴任费（今费县）宰。"孟氏之儒"的创始人孟子也曾到沂蒙地区游历讲学。《艺海珠尘》载："孟子游于莒，有曾子讲堂焉。孟子登堂弹琴而歌，二三子和之。"这充分说明，春秋晚期儒家文化与东夷文化也是相互尊重、相互渗透、相互借鉴的。

　　春秋战国时期，私学蓬勃发展，形成了众多学术流派，沂蒙文化在与中原文化的交流融合中不断发展壮大，沂蒙地区的文明发达程度也是全国首屈一指。沂蒙地区出现的众多学识渊博、造诣很高的学者就是最有力的证明，在当时产生了深远的影响。这些学者有仲由、曾点、曾参、澹台灭明、原宪、闵子骞等。其中最著名的是曾参和闵子骞，曾参继承了孔子的思想，闵子骞推崇孝道，将儒家的忠孝思想传播到沂蒙地区，儒学文化逐渐渗透到沂蒙文化中，产生了重大影响。尤其是荀子，在公元前255年春申君做了兰陵县令之后，就在兰陵县讲学、著书立说，拥有大批学生，持续了30多年的时间，最终在兰陵终老，深刻影响了沂蒙文化。荀子曾经在齐国游学，做过祭酒，是年龄最长、资历最深的老师，也是先秦儒家学派的最后一位代表人物，集百家争鸣的众多文化成果于一身。荀子比较著名的学生有李斯和韩非子，他们都曾在稷下学宫学习。西汉刘向认为，孟子和荀子是继孔子之后的两位大儒，兰陵地区儒学如此兴盛，都是因为荀子。也有人说兰陵人喜欢"卿"这个字，大概也是因为荀子原名叫孙卿。1896年谭嗣同在《仁学》中也提到，封建社会两千年来一直沿用秦朝的政治体系，而两千年来遵循的学术体系则是荀子学说。

综上所述，研究西周至战国时期的沂蒙文化，应该将重点放在早期沂蒙文化方面，研究其独立发展的特点以及与中原文化交融的过程，探讨沂蒙文化在与中原文化交流过程中发生的变化以及对中原文化的借鉴。尤其是战国时期，沂蒙地区属于齐国，西面与南面分别与鲁国和楚国相邻，汇聚了三种不同的文化。

（三）秦汉时期的沂蒙文化——融入中华民族大文化后蓬勃发展

公元前221年，秦统一天下，而首次完成中国大一统的政治人物嬴政就是东夷领袖伯益的后裔。大秦帝国建立后，推行了一系列强力政策，包括加强中央集权，实行郡县制，统一文字，统一货币和度量衡等。在这样的大背景之下，沂蒙地区被纳入了中国统一的强权管理下。在当时，全国先分为36郡，后来又增加到46郡，其中沂蒙地区属于琅琊郡和郯郡。东汉时期又因为刘秀之子刘京被封为琅琊王，琅琊郡改为琅琊国，因此，沂蒙文化在历史上又有"琅琊文化"之称。

在李斯的建议下，公元前213年，秦始皇颁布法令，烧毁秦国以外的历史书和记载着诸子百家学术思想的书籍，杀害了许多儒生，史称"焚书坑儒"。到公元前212年，又是在李斯的提议下，秦始皇宣布实施"禁私学"和"以吏为师"的文化政策，儒学发展再一次受到重创，法家思想上位，春秋战国自由讲学之风就此终结。

秦朝灭亡后，汉高祖刘邦虽然承袭了秦朝的制度，但是并未继承秦文化的专制。到了文帝和景帝，儒学又开始被重视起来，这也是当时治国的需要。在董仲舒提出"罢黜百家，独尊儒术"被汉武帝采纳后，儒学进入了快速发展时期，一时孔孟之道备受推崇。汉代对儒学的传承以考证、注释和传播经典（《诗》《书》《礼》《易》《春秋》等先秦经书）为主。汉武帝还曾"兴太学"，太学生数量猛增，到了东汉后期，已有30000多人。

两汉时期，沂蒙地区的经学发展迅速，不仅官方经学不断发展，民间经学也形成了庞大的网络。从此以后，沂蒙文化经过长期交流，终于融入了中华民族的文化之中，形成了中华民族龙文化（中原文化）、凤文化（东夷文化）交融的大一统文化谱系。"龙凤呈祥"一方面体现出中华民族文化融合的历史趋势，另一方面也体现出"东夷文化"在中华民族传统文化中的重要地位。

经考古发现者考察证实，沂蒙地区的农耕文化在两汉时期仍然属于全国发达地区之一。而在经济、文化、手工艺等方面的发展也具有相当高的水平，这从临沂市发现的汉墓的规模可以看出。临沂市发现的汉代墓葬群具有面积大、形制复杂、文物多等特点，最具代表性的墓葬包括兰山区银雀山竹简墓、沂南县北寨汉画像石墓、苍山县城前汉画像石墓、临沭西南岭两汉画像石墓、罗庄区吴白庄汉画像石墓等。

在两汉时期，不少外地家族因为避乱、投亲访友、晋升官职等多种原因迁入了沂蒙地区，使得这一地区进一步发展壮大，从而形成了一些世家大族，这些大家族中人才济济，他们为丰富、发展和传扬沂蒙文化做出了不可磨灭的贡献。比如，西汉时期，博士、谏大夫王吉从皋虞迁入临沂都乡后，逐渐发展壮大为琅琊王氏家族，后世出现了包括王骏、王崇、王融、王仁、王祥、王览、王雄、王戎等在内的很多著名人物；诸葛珪从琅琊诸县迁入阳都后发展壮大为诸葛氏家族，后世出现了包括诸葛丰、诸葛均、诸葛瑾、诸葛亮、诸葛诞、诸葛恪等在内的许多著名人物；时任谏议大夫的孙萧彪从萧迁入兰陵郡承县后，发展壮大为南齐、梁二朝的兰陵萧氏家族，后世出现了包括萧望之、萧绍等在内的著名人物；三国时期，徐州刺史颜盛（其始祖为颜回）从曲阜迁入临沂后，发展壮大成为琅琊颜氏家族，后世出现了包括颜钦、颜默、颜髦等在内的著名人物。除此之外，沂蒙曾经迁入的世家大族还包括东海徐氏（以徐羡之为宗）、东海匡氏（以匡衡为宗）、东海王氏（以王朗为宗）、泰山南城羊氏（以羊续为宗）等。后来迁入的家族和世居于此的家族在文化方面有了深度交流，在不断的文化碰撞中，不同的文化逐渐趋于融合，最终使得沂蒙的地域文化和外来文化达到了水乳交融的地步。沂蒙地区的儒学、道学、文学、书画等方面大放异彩，为后世传承、发展和弘扬沂蒙文化做出了无与伦比的贡献。

两汉时期，沂蒙地区经学兴盛，经学文化成为了沂蒙地域文化中不可或缺的一部分。当时，沂蒙地区习经气氛十分浓厚，习经人数众多，具有范围广、历时久、影响大的特点，这一时期也造就了一大批著名的经学家。比如，西汉时期的王臧，他是郡一级的长官，精通《诗经》，更是"独尊儒术"的首倡者之一；缪生是王臧的同乡，同样熟读《诗经》；孟卿和孟喜是父子，孟卿擅《礼》和《春秋》，孟喜则尤其精通《易》学，并有相当的建树，世称为"孟氏易学"；疏广是孟卿的弟子，他钻研《春秋》，一方面自己见识颇深，另一方面还积极收徒讲学，后被朝廷任命为太子少傅，又任太子太傅。唐代诗人李白曾赞曰："达士遗天地，东门有二疏。""二疏"即疏广及其侄疏受（太子少傅）。东汉时期有：王良（今兰陵县人），少好学，通《尚书》，"以礼进士，朝廷敬之"，后任大司徒司直，以清廉节俭著称；伏湛(今沂水县人)对经学研究深透，并教授弟子广泛传播，被称为"经明行修，通达国政"：其弟伏黯通晓《齐诗》，作《解说》九篇；卫红（今郯城县人），迪《毛诗》《古文尚书》等，作《毛诗序》和《训旨》，著有《汉旧仪》等；诸葛瑾"少游京师"，善治《毛诗》《尚书》和《左氏春秋》。他们均对沂蒙地区儒学的传播与光大做出了突出贡献。除经学家外，东汉末年的著名天文学家和历算学家刘洪也是沂蒙人（今蒙阴县），他"密于用算"，精通《九章算术》，与人合著《汉记·律历志》，撰写了《七曜术》，研创了《乾象历》，"善算，当世无偶"，并发明、改进和推广了"珠算"，流传千年，贡献巨大，被后世尊为"算圣"。《后汉书·律历志》刘昭注引《博物志》曾写道："洪笃信好学，观乎六艺髁书意，以为天文数术，探赜索隐，钩深致远，遂专心锐思。"《志》中的"洪"即刘洪。

　　沂蒙地区经学的高度发达同时造就了一批名门望族，使得沂蒙地区贤才辈出，真可谓人杰地灵。沂蒙地区出仕为官者很多，他们一部分在朝廷中任职，一部分在地方上做官。这方面见于记载的著名人物有诸葛丰、疏广、疏受、萧望之、萧咸、萧由、匡衡、匡咸、孟卿、孟喜、后苍、于定国、薛宣、王良、伏湛、童恢、童翊、刘虞、承宫、卫宏等人。据统计，在汉昭帝、汉宣帝至西汉末年这段时间里，仅位列三公的沂蒙名士就有萧望之（御史大夫）、于定国（丞相）、贡禹（御史大夫）、匡衡（丞相）、于永（御史大夫）、薛宣（丞相）、王骏（御史大夫）、王崇（御史大夫）、马宫（大司徒）等人，故《汉书·地理志》评曰："汉兴以来，鲁、东海多至卿相。"比如，萧望之，可以说是身居高位，不但官至前将军、光禄勋，甚至宣帝还留有遗诏让其辅政，领尚书事。萧望之就是以经学起家的典型代表。萧望之的三个儿子（萧育、萧咸、萧由）都是通过经学取得一定的社会地位，位至二千石。匡衡位至丞相，他的儿子匡咸位至九卿，也都是通过经学，而他们的子孙后代更是出了多位经学博士。除此之外，还有很多为官者也都是著名的经学家，如刺史王吉、御史大夫王骏（王吉之子）、大司空王莽等。经学家和经学世家的层出不穷说明在沂蒙地区，文化的积累对社会的发展产生了巨大影响。同时，在文化积淀深厚的沂蒙土地上，一方面，人的发展与土壤的滋养紧密相关，另一方面，人的文化发展与成就也推动了沂蒙地区文化教育的进步。

（四）魏晋南北朝时期的沂蒙文化——中国江南异彩纷呈

三国时期，沂蒙地区在魏国的管辖范围内。这一时期，沂蒙地区战火不断，人民苦不堪言，汉魏易代战火连绵，魏晋交替司马与曹氏殊死相搏。到了西晋灭吴后，中国终于又迎来了统一，只是，人民还没有从战火荼毒的创伤中走出来，就又发生了"八王之乱"和"永嘉之乱"，一晃又是 16 年。在此期间，战事频繁，民不聊生，何谈文化与经典。沂蒙地区作为南北交界地带，向来是兵家必争之地，也因此成为了更加残酷的战争重灾区。相比沂蒙地区，此时的江南局势相对平稳，于是人们纷纷逃离故土前往江南，在这个时期南迁的世家大族包括阳都诸葛氏、琅琊王氏、琅琊颜氏、兰陵萧氏、泰山南城羊氏、东海郯县徐氏、临沂刘氏等。这些氏族之家南迁后，有的入朝为官，有的在地方执政，有的进入官学教学，有的则开设私学授课，他们彼此之间、与当地世家之间展开了广泛的日常交流活动，在一定程度上传播了沂蒙的地域文化，提高了沂蒙文化的历史地位，扩大了沂蒙文化在其他地区的影响，同时也推动了江南地区的经济与社会发展。

随着南方社会经济的发展，南方的人口数量也大大增加。到了南北朝时期，长江流域已经成为了我国的文化中心。从某程度上说，正是沂蒙名门望族的南迁才导致了中国历史上第一次由黄河流域向长江流域的文化大迁徙和南北文化的大交流。在这样的历史和文化条件下，沂蒙文化的内涵得到长足的发展，沂蒙文化不再仅仅属于地理位置偏远、相对独立的地域，而是在全国主流文化中具有了较高的地位和深远的影响。自两汉以来，在发达的经学文化中形成的经学世家在魏晋南北朝时期的江南地区再次蓬勃发展，诸多名士如雨后春笋层出不穷，其中，影响较大、成就突出的家族包括阳都诸葛氏（三国时期）、琅琊王氏（东晋时期），兰陵萧氏（南朝时期），以及临沂颜氏，莒之臧氏、刘氏、徐氏，东海徐氏、何氏、鲍氏，泰山南城羊氏等。这些世族有的南迁至江浙一带，有的集中于建康之地，有的散布于吴会，还有的在巴蜀地区，但无论在哪里，他们都如星斗般闪耀在文化的夜空中。名门望族与杰出人才在历史上具有举足轻重的地位，对当时及后世影响颇深。《梁书·王筠传》中对琅琊王氏有所记载，上书：七叶之中，名德重光，爵位相继，人人有集。这一时期，沂蒙名士们更留下了非常多的著作，这从明代张溥编辑的《汉魏六朝百三名家集》中就可以看出，在这部集子中，临沂人的文集就有 18 部之多，可见沂蒙文化之璀璨。

在魏晋南北朝时期，南迁的沂蒙世家望族在江南具有极高的社会地位，他们有的在政界十分活跃，有的在文坛耀眼夺目，更可贵的是，沂蒙文化在族中世代相传，沂蒙文化因此被发扬光大。这一时期有很多文化方面的大家值得一提：在哲学方面，有著名清谈家王衍，他同时也是朝中重臣，还有"竹林七贤"之一的王戎，他官居西晋惠帝朝司徒，为元康玄学的兴起做出了杰出的贡献；在儒学方面，有汉魏著名经学家王朗，他乃是三朝重臣，王朗之子王肃充分继承了王朗的思想和学识，遍注群经、议政献策，是当时著名的儒学和经学大家，还有南朝宋时的著名天文学家和无神论思想家何承天等；在文学方面，有南朝宋时期号称"元嘉三大家"中的颜延之、鲍照，南朝齐时期"竟陵八友"中的王融、萧衍、萧琛，南朝梁时期的"兰陵四萧"萧衍（梁武帝）及其子萧统、萧纲（文帝）、萧绎（元帝）和"东海三何"何逊、何思澄、何子朗，南朝梁"一代文宗"继《诗经》和《楚辞》之后我国第三部诗集《玉台新咏》（10卷，收录西汉至梁代诗歌662首）的编纂者徐陵，以及南朝梁文学理论评论家、《文心雕龙》的作者刘勰等；在史学方面，有南朝宋时期撰有《后汉林》200卷的历史学家王韶之，南朝梁时期撰有《晋史草》30卷、《后汉书》100卷、《南齐书》60卷（被列为中国《二十四史》之一）的史学家萧子显，南朝齐时期撰有《晋书》110卷的历史学家臧荣绪，南朝梁时期撰有《魏书》92卷的史学家、教育家颜之推等；在书法方面，有被誉为"龙跃天门、虎卧凤阙"影响中国书坛数千年的"书圣"王羲之。据唐代张怀瓘《书断》及《书估》记载，琅琊王氏中善书者属王羲之前辈的有王旷、王敦、王导、王虞；属其同辈的有王恬、王洽、王允之；属其后辈的有王珉、王珣、王玄之、王凝之、王徽之、王操之、王献之、王僧虔、王志等。

魏晋南北朝时期十分盛行"魏晋玄学"和"魏晋风度"，这些思想与文化都对沂蒙文化产生了巨大的影响。在此期间，沂蒙文化不断从其他文化思想中汲取养分为己所用，发展更加辉煌。沂蒙南迁的名门望族和名人贤士们，利用自身极为深厚的文化素养推动了中华民族的文化大融合。他们光辉灿烂的文化在沂蒙文化的土壤中生根发芽并结出累累硕果，这些都随着沂蒙望族的南迁远播江汉，与当地文化碰撞、交流、融合，为中国江南文化的发展做出了不可磨灭的历史贡献。

（五）隋唐宋金元时期的沂蒙文化——发展平缓、单薄、弱化

魏晋时期，由于沂蒙地区政局动荡、战争频繁，沂蒙世家大批南迁，在极大程度上阻碍了沂蒙文化在沂蒙地区的发展。特别是隋唐时期，沂蒙文化在当地的传承和发展渐入平缓、衰弱的潮退状态。据相关史料记载，这一时期沂蒙出现的文化圣人相对较少，如徐则、王远之、萧静之、颜之推、颜之仪、颜师古、颜杲卿、颜真卿，以及王氏后人、

武周朝宰相王方庆等,其中,国子助教包恺、国子博士萧该、帝师萧德言、萧夫子萧颖士及其子萧存最为著名,且贡献较大。

此外,受南迁影响,沂蒙家族的社会地位逐渐下降,且家族名流的影响力也逐渐减弱,曾经在南方闪耀的沂蒙文化失去了昔日的辉煌。展示和弘扬沂蒙文化成果的沂蒙官员和学者数量锐减,成就不及过去。

然而,"忠厚传家久,诗书继世长"。沂蒙文化中那些传统的俗仁、忠诚、刚毅、正直、重义、讲信的人文特质,却在沂蒙贤人中传承、弘扬下来。清代乾隆皇帝于1751年4月南巡沂州驻跸兰山县黄梅岩时,曾在《题琅琊五贤祠》诗中写道:"孝能竭力王祥览,忠以捐躯颜杲真。所遇由来殊出处,端推诸葛是全人。"乾隆将王祥、王览、颜真卿、颜杲卿、诸葛亮同赞为"五贤"。他们用自己高尚的人格、高深的学问和高超的智慧传承和弘扬了沂蒙文化的精神。南宋文天祥在《过平原》诗中也写道:"平原太守颜真卿,长安天子不知名。一朝渔阳动鼙鼓,大河以北无坚城。公家兄弟奋戈起,一十七郡连夏盟。贼闻失色分兵还,不敢长驱入咸京。"

五代十国时期,即907—979年,是上承唐朝、下接宋朝的乱世,是中国历史上的一段大分裂时期。以五代视角来看,这段大分裂时期历时53年;以十国视角来看,这段大分裂时期历时72年。沂蒙地区先后被后梁、后唐、后晋、后汉和后周所统治。基于分裂、割据状态下的沂蒙文化,不管是在传承方面,还是在发展方面,都受到了严重阻碍与破坏,处于衰微状态。

宋金元时期,契丹、女真、蒙古等少数民族相继崛起,契丹建辽,女真建金,蒙古建元。军事奴隶制是辽金元三个政权建立之初的基本制度。军政合一的特殊体制将三大政权对外的扩张性和掠夺性特征体现得淋漓尽致,而宋朝在当时占据着辽阔的中原地区。地盘、资源的争夺使战火久久不能平息。而先后受北宋、金朝和元朝统治的沂蒙地区也因动荡不安的政治格局和断续交替的多元文化的冲击影响,古老的沂蒙文化黯然失色,失去了往昔的辉煌。虽然在此期间的沂蒙儒学也在继续发展,但学术界名人寥寥无几,不足以照亮宋金元时期沂蒙历史文化的夜空。据相关史书记载,傅察、张莘卿、傅尧俞、张行信、邹惟新、张行简、张雄飞等人都是此时期沂蒙儒学的主要代表人物。

值得一提的是，自南北朝以来，沂蒙地区先后出现了儒、释、道家竞长争高、相互学习的趋势。此外，隋唐宋金元时期的沂蒙文化还受到了当时几个少数民族政权相继统治的影响。例如，金元时期全真道在沂蒙山区兴起；女真族、蒙古族等外族人统治时带来的风俗习惯、民族思想、文化传统、地方语言、处事方式等；回族于元末时期迁入沂蒙地区，将伊斯兰教传入等。新事物的融入，一方面促进了沂蒙地域文化与外来文化的碰撞与交流，另一方面也在不同程度上影响和削弱了沂蒙文化的传承、传播和发展。

（六）明清时期的沂蒙文化——显现发展旺势

"宋明理学"是自宋代至明清时期的正统思想。明初期的科举制被进一步完善，并以八股文取士。为了更好地控制人们的思想，明清两朝都倾向于程朱理学，并将其地位逐步抬高。明清时期先后出现了《五经大全》《四书大全》《性理大全》《性理经义》《朱子大全》等著作。从宏观层面来看，经过程朱等理学家改造过的儒家思想是明清两代在思想文化领域中占统治地位的思想内核。由于明初和清初时期沂蒙地区进驻了大批移民，输入了外来文化，特别是明末清初资本主义萌芽的产生，以及外国在经历了鸦片战争后对我国经济方面的侵略和西学东渐等影响，沂蒙文化领域中的民主、科学、教育意识不断增强。

明末清初后，随着中国社会的快速发展，以及相对宽松的文化环境和西方进步思想的逐步渗透，反封建专制的民族意识日渐增长，强盛中国的信念与呼声连连。沂蒙学者基于传统文化向现代文化的逐步转型的大环境刺激下，逐渐接受了"以世为用"的先进理念，并积极参与这一文化潮流，为在黑暗中期待黎明的沂蒙文化的复兴和发展提供了有利条件。

沂蒙地区的学校教育在明清时期较为兴盛。沂蒙地区的学校分为私学和官学两种，私学方面设立了乡塾、家塾、私塾、义学等；官学方面设立了府学和若干书院、县学及乡间社学。此外，沂蒙地区在清光绪帝颁布"兴学诏书"后，创办了分等级、分类别的"学堂"，新式学校教育开始出现和发展，为沂蒙文化后期的发展和繁荣奠定了坚实基础。

在明清沂蒙文化体系中，一方面，儒家文化仍然占据主要内容和主导地位。文人仍以读"四书五经"为人生目标，以科举仕进作为人生目标与追求，因此人才不断涌现；另一方面，沂蒙学者成为官员后，他们努力工作，热爱人民，敢于说出并指出时代的缺陷。此外，在儒家思想的影响下，沂蒙社会也形成了忠孝、仁爱、礼节、诚信等良好风尚。沂蒙文化逐渐呈现出一些新的发展趋势和上升的发展势头。

明清两代的沂蒙地区，文化复盛，人才辈出。沂蒙士人仍以儒家思想为精神支点。在传播儒学方面较有影响的人物有：翰林李应蜩、庄陔兰，拔贡徐养纯，进士王守正、萧九成、刘淑愈、于腾，监生丁景、许翰，举人李宗周、郑曾述、刘阶升、孙熊兆、盛梦龄、杨永洋、王景禧，以及临沂籍的庠生李谈、刘金铭、彭兰琪、陈锡章等。

"忠义、孝悌、慈善、宗教观念"等思想在这一时期成为影响深远的社会文化潮流。沂蒙文化强烈体现了尊孔、尊儒的风气。在这一时期，沂蒙地区虽然没有出现国家高级别官员，但也培养了一些生活在寺庙里担心世界的地方官员，以及为人民辛勤工作并履行职责的地方官员，如王毅、翟朴复、李济、杜泽、张静华、刘璞、王亚良和王思言。同时，沂蒙地区也成就了一批经世致用的学问世家，如"馆阁世家"蒙阴公氏，自公勉仁于1490年（明孝宗弘治三年）中进士始，至公鼐五世蝉联进士（1601年），而公鼐与其父皆入翰林，授编修，累官礼部右侍郎。他为官清正，反对魏忠贤专权，后称病归里，去世后赠礼部尚书。明光宗曾亲书"理学名臣"匾额赐予其家。莒州大店（今属莒南县）庄氏，自明代庄谦于1612年中举、1619年中进士之后，至清末共有进士8名、举人19名，另有拔贡、岁贡等百余名，太学生（含国学生）127名。其中有父子进士（庄瑶、庄锡级父子）、父子举人（庄许、庄恩艺父子），还有兄弟进士、兄弟举人多名，被人们赞为科甲连第、累世不绝。据新修撰的《日照丁氏家谱》（八修）记载，日照丁氏家族在明清两朝代传儒学，先后有进士15人、举人49人。此外，莒县管氏、沂水刘氏、临沂宋氏等家族也都是人才辈出。

（七）近现代时期的沂蒙文化——输入先进思想和革命文化

近现代时期主要指从 1840 年鸦片战争到 1949 年中华人民共和国成立。1840 年至 1842 年的第一次鸦片战争和中国近代史上第一个不平等条约《南京条约》的签署，是封建中国成为半殖民地半封建中国的历史转折点。此后，在"反对外敌，救亡图存"的民族呼声中，"学习新知识，应用于世界"的意识形态影响中，在"革命"与"战争"的斗争浪潮中，沂蒙文化汇集了一些新的进步思想和精神元素，同时也产生了许多新文化特征。

这一时期，沂蒙士人的传统认知和沂蒙文化的传统格局被沂蒙"新学"知识分子以改良主义思想、以夷制夷，以及学习西方先进科学技术的民族觉悟所打破。在 1895 年的"公车上书"事件中，丁惟鲁、王思衍、庄清吉等人参与其中；1898 年的"戊戌变法"事件中，王景禧、蔡曾源予以积极支持，他们都积极倡行除旧布新、变法图强。为反对帝国主义列强的文化侵略，沂蒙人民相继参与了大小数十起反洋教斗争，形成了中国近代史上著名的"沂州教案"。

孙中山先生于 1905 年 8 月 20 日在日本组织成立了"中国革命同盟会"，提出了"驱除鞑虏，恢复中华，创立民国，平均地权"的政治纲领，在极大程度上影响和刺激了沂蒙先进知识分子。以李光仪、周建镐、庄陵兰、赵保太、段荫远、于化春、周瑞麟、刘佛缘等留日的沂蒙籍同盟会会员为代表的沂蒙辛亥革命的先驱们，回归沂蒙后在各地积极兴办新学校，建立革命组织，传播民主思想，创办进步报刊，在沂蒙大力开展各种新的文化宣传活动。其中，李光仪对沂蒙资产阶级民主革命思想的传播贡献最大。李光仪之弟李淑九于 1916 年 8 月在临沂创办了《东鲁日报》，临沂城人夏侯先创办了《教育月刊》。在此之后，沂蒙地区又涌现出了一大批宣传新思想、新文化、新风尚的进步刊物。

沂蒙地区在经历五四运动后，涌现出了一批思想先进的青年作家，如王思玷、刘一梦等，他们相继在中国文坛崭露头角。王思玷曾在茅盾主编的《小说月报》上连续发表作品，让茅盾惊为"彗星"，深得好评；1927年冬，蒋光慈、钱杏村等在上海创办了革命文学团体《太阳社》，刘一梦是该社主要成员及党的负责人之一，发表了小说《失业之后》，得到了鲁迅的高度赞扬。新文化运动对沂蒙地区产生了强烈的影响，民主与科学的思想逐渐渗透到人们的头脑中。被称为"沂蒙之子"的王尽美是当时全国58名党员之一，山东省13名党代会代表之一，是山东省最早的党组织创始人。他曾冒着生命危险在沂蒙地区传播马克思主义真理，传播革命文化的种子。1927年4月，临沂地区建立了第一个共产党组织，即中国共产党沂水县支部，为后来沂蒙抗日根据地的建立奠定了基础。随后，中国共产党沂水县委员会和中国共产党山东南部第一支部，分别于1928年12月与1929年10月成立。

在革命氛围和新思想的渗透下，沂蒙涌现出了诸多英雄群体，如创办八路军机关托儿所的"沂蒙母亲"王换于、用乳汁救助伤员的"红嫂"明德英、拥军模范"沂蒙六姐妹"及百万民工踊跃支前等。

沂蒙革命根据地在抗日战争和解放战争时期被建立和巩固，逐步发展成全省政治、军事、文化、教育中心，成为全国最活跃、最繁荣的革命文化地区之一。在此期间，沂蒙地区的各大院校在传播革命思想、丰富沂蒙文化方面做出了巨大贡献。这一时期，沂蒙文化成为传播革命思想的文化、团结党政军民的文化、夺取战争胜利的文化和紧接地气的大众文化。通过《大众日报》《山东画报》《山东教育》和《战士报》《军政报》《前卫报》《沂蒙导报》等报纸杂志，通过"山东文化界救亡协会""山东艺术工作者协会""新文字研究会"山东鲁迅艺术学院和战士剧社、姊妹剧团、鲁南剧社、黎明剧社、沂蒙国剧社、抗大一分校文工团、鲁南文工团、滨海军分区宣传队、农村剧团、秧歌队等文艺团体，通过《跟着共产党走》和《沂蒙山小调》等革命歌曲，通过戏剧、曲艺、诗歌、快板、壁报、街头诗、传单、读报、标语、演说等丰富多彩、喜闻乐见的形态和方式，沂蒙红色文化得到了广泛传播，为抗战胜利和全国解放做出了巨大贡献。

（八）当代时期的沂蒙文化——沂蒙红色文化的丰富与弘扬

1949 年之后的历史时期被视为当代时期。这一阶段的沂蒙文化已然成为了红色文化的产物，经历了无数战争的洗礼、建设时期的熏染、改革开放的考验与新世纪的丰富和发展，充分体现了沂蒙红色文化"忠诚""正义""大爱""实干"的本质特征，成为激励人们前进的精神源泉，并在新时代条件下得以丰富和弘扬。

虽然沂蒙文化的历史发展过程相对复杂，期间经历了辉煌与衰落，但始终是聚集而不散，传而不衰，并随着时代的发展而不断前行。人们从中可以得到如下启示：当阶级社会取代了原始社会，社会的形态开始发生一系列变化，无论是经济，还是政治，都相继获得了新发展，沂蒙文化也在由低级转向高级的过程中得到了更新、丰富和发展。漫长、曲折的发展变化过程，不仅体现了沂蒙文化一脉承传和生生不息的强大生命张力，还诠释了承前启后的继承性、与区域文化交汇融合的包容性，以及前后时期相比较的变异性、革新性和前瞻性。现阶段，沂蒙文化将通过影响和塑造沂蒙人民的文化素质和人文素养，进一步实现沂蒙经济的全面发展，并提升沂蒙文化的自信心和自强力。

第二节　沂蒙文化形态的内涵

最早是生物学研究中使用了"形态"这个概念，生物学中的"形态"指的是生物体的外表形状。生物学中的形态学是对生物体的外形、生物体的功能及生物体的内部结构进行研究的一门科学。后来，"形态"这个词汇也开始用于其他领域，其他领域也开始出现与形态学有关的研究。现在人们提到的形态通常情况下代表一个事物的外在形状、存在状态或具体表现形式。事物都有对应的形态，都有存在的形态。

文化的表现形式就是文化形态。所以，沂蒙文化的表现形式就叫作沂蒙文化形态。人们在分析具体事物时，出发角度不同所获得的理解也存在差异。同一个事物在不同角度呈现出的形态也不同。举例来说，按照构成因素可以将沂蒙文化划分为儒学文化、冰雪文化、孝道文化、书圣文化、商务文化及红色文化等子形态。文化形态显现出了明显的层次性特征，沂蒙文化形态可以被划分成多种层次的并且具有具体形态特征的子形态。不同的形态之间存在一定的联系，但是，每个形态又是一个单独的系统。子形态借助要素之间的关联共同组成了沂蒙文化形态这个整体。

所有的形态都有属于自身的独特结构。结构不同，形态呈现出的性能也不同。也就是说，形态结构和形态性能之间一一对应，彼此关联。形态性能想要显现出来必须以形态结构为基础，换句话说，形态性能是形态结构的具体表现。沂蒙文化形态也一样，它有着自己的形态结构及形态性能，沂蒙文化的子形态也一样，有着独特的结构及与结构对应的性能。

沂蒙地区指的是山东东南部的原临沂地区。沂蒙以沂蒙山区作为本地区的中心，沂蒙主要包括日照市、临沂市、泰安市、枣庄市及莱芜市。除此之外，它还包括淄博市南部、潍坊市南部及青岛市南部区域、江苏省北部区域、济宁市东部区域。

沂蒙文化形态是具有沂蒙地区地域特色的民族文化形态（图1-1）。

具有沂蒙地区地域特色

具有民族文化形态

图1-1 沂蒙文化形态的内涵

第一，沂蒙文化形态展现出了沂蒙地区的地域特色。沂蒙文化属于区域性文化，它是中国民族文化的一部分。沂蒙文化起源于沂源猿人及其子孙，沂蒙文化形态显现出了沂蒙地区的山川地理特征，与此同时，它也涉及红色文化内容、兵学文化内容、书圣文化内容、智圣文化内容。整体来看，沂蒙文化形态有本地区的风土人情特色，代表了本地区人民群众的群体意识。山东文化形态主要由沂蒙文化形态、鲁文化形态及齐文化形态组成。沂蒙文化的独特特征最早出现在西周时期，齐国和鲁国刚开始建国的时候，沂蒙文化随之发展，慢慢地显现出了独特风貌。但是，受到古代行政区域的影响，沂蒙文化所在的沂蒙地区并没有成为像齐国或鲁国那样的独立"国家"。所以，沂蒙文化的独特特征并没有得到充分展现。沂蒙文化独特特征的充分展现是在中国民主革命时期，在民主革命时期，沂蒙地区变成了我党的革命根据地，沂蒙文化形态也是在这一时期得到了快速发展，其独特特征得到了充分展现。

第二，沂蒙文化形态具有民族文化形态的特征。具体来讲，沂蒙文化形态涉及中华民族道德规范、价值取向及思想品格。沂蒙文化形态是以中华民族精神为基础而形成的一种文化形态。《周易》云，"刚健笃实，辉光日新"。孔子主张"仁者，人也"，"杀身成仁"，他还提出："孝，德之本也，教之所由生也。"孟子提出"舍生取义"。曾参主张忠君爱国，认为"士不可以不弘毅，任重而道远。仁以为己任，不亦重乎？死而后已，不亦远乎"。他又提出："贵德，贵贵，贵老，敬长，慈幼。"他还认为要"吾日三省吾身"。王羲之认为"民为邦本"，他忧国忧民，勤政，务实。诸葛亮终身效忠刘备父子，"鞠躬尽瘁，死而后已"。颜真卿在同逆臣的斗争中甘愿为国家献出生命。沂蒙红嫂用乳汁救伤员。以上这些圣贤思想、感人事迹，与"精卫填海""女娲补天""大禹治水""牛郎织女"等动人故事和传说，不论是源自沂蒙，还是被沂蒙所传承，都体现了典型的中华民族的民族意识、民族品质。

第三节　沂蒙文化形态的特征

沂蒙文化形态的特征表现为以下六个方面（图 1-2）：

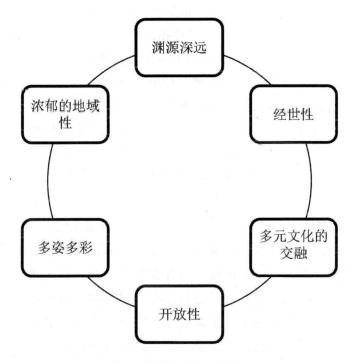

图 1-2 沂蒙文化形态的特征

第一，浓郁的地域性。沂蒙文化是以中华民族精神为基础而形成的一种文化形态，沂蒙文化在以中华民族精神为基础的前提下，又以本区域为中心发展出了具有本区域特点的文化特色。沂蒙文化形态之所以能够形成、之所以具有独特特色，是因为沂蒙地区自然环境独特，社会背景独特。因为沂蒙地区所处的地域环境非常特殊，所以该区域聚集了很多文化，并且文化之间发生了碰撞融合。沂蒙文化的主体是儒学文化，在此基础上又融合了道家文化、法家文化、墨家文化。沂蒙地区民风淳朴,人民正直、善良、勤劳,沂蒙地区的人民在坚持不懈、辛苦劳作的过程中也敢于开拓,积极进取。可以说,沂蒙人民既有品德又有聪慧。

第二,渊源深远。通过考古获得的资料可以发现沂蒙山区基本都是腹地,在沂蒙山区存在过史前文化,并且史前文化已经发展成了相对独立的体系。沂蒙山区的史前文化是由沂源猿人创造的。沂蒙文化在发展过程中历经了旧石器时期、新石器时期,经过多个历史阶段的发展与演变,临沂文化从最初的史前文化变成了东夷文化。东夷文化除了覆盖到山东半岛之外,还对太平洋沿岸的其他地区产生了重要影响。

第三,经世性。沂蒙文化形态关注实际,强调文化的实用性。历史上有很多经典事例都与沂蒙文化的经世性有关。如诸葛亮帮助刘备夺取天下,鞠躬尽瘁地辅佐刘备;再如,王导制定了"江左之策",成功地帮助司马睿构建了东晋政权,东晋政权的出现也推动了汉族先进文化向南方的迁移;在抗日战争时期,沂蒙地区的党政军民主动抗击国民党反动派,击打日寇,最终取得了革命战争的成功;改革开放之后,沂蒙地区的人民勤劳改造,整体脱贫致富,全力迈进小康社会。

第四,多元文化的交融。在发展过程中,沂蒙文化形态和其他的文化形态之间发生过碰撞,也发生过融合。比如,在沂蒙文化形态出现的春秋战国时期,沂蒙地区就同时存在沂蒙文化、鲁文化、楚文化及齐文化。这些文化各有特色,它们都在一定程度上影响了沂蒙文化形态的发展,使沂蒙文化聚合了多种文化特征,构建出了具有交融性特点的文化体系。发展到南北朝时期,受到当时琅琊世族南迁的影响,沂蒙文化形态接触了吴国文化、蜀汉文化及楚国文化,并且和这些文化进行了融合。后来,沂蒙文化形态还受到了改良主义思想的影响、资产阶级革命思想的影响,很多思想都曾在沂蒙地区传播。改革开放之后,开放的沂蒙文化又接触了世界上其他国家的优秀文化成果,沂蒙文化吸取了人文精神、法治意识、竞争意识、效率意识、科学精神等内容。

第五,开放性。具体来讲,沂蒙文化形态在发展过程中始终与时俱进,始终以开放的姿态发展,虽然沂蒙文化形态历史悠久,但是,因为文化形态在发展的过程中历久弥新，所以始终给人以惊喜和新意。沂蒙文化形态在发展过程中不断吸收优秀的文化，并不断创造新文化。沂蒙文化形态开放性的发展姿态使其一直在社会中存续。沂蒙文化形态在社会市场经济环境下开始吸收效率意识、自律意识、竞争意识、民主意识、法治意识、诚信意识，也开始借鉴和引入创新精神、科学探索精神、努力学习精神。除此之外，沂蒙文化形态还和其他的国际文化进行了交流。

第六，多姿多彩。沂蒙文化形态丰富，形态内涵也多种多样。总体来看，沂蒙文化形态是多姿多彩的，文化形态发出了耀眼的光芒。沂蒙文化形态不是单调的文化形态，也不是单一呆板的文化形态，它有强大的发展活力，有勃勃生机，有无限魅力，这一点和其他地域的文化形态完全不同。沂蒙文化形态主要包括儒学文化表现形态、孝道文化表现形态、兵学文化表现形态、商文化表现形态、红色文化表现形态、民俗文化表现形态、书圣文化表现形态、智圣文化表现形态。多姿多彩的文化表现形态展现了沂蒙地区人民的智慧。沂蒙文化形态的多姿多彩主要受到社会条件及地区环境的影响，沂蒙人民展现出了多种需要之后，沂蒙文化形态的发展也自然呈现出了多姿多彩的特点。最近几年，临沂市接连入选全国历史名城、全国旅游城市及全国文化名城。

第四节　沂蒙文化形态的表现

一、沂蒙文化形态的表现形态

沂蒙文化形态从不同的角度看，呈现出不同的形态。从沂蒙文化的构成元素来看，沂蒙文化的表现形态呈现出各种各样的子形态，其中包括沂蒙儒学文化、孝文化、兵学文化、红色文化等多种形态，因此，沂蒙文化中的本质属性及独特内涵更明显地展现在人们眼前，为沂蒙文化的传承和发展起到了重要作用。

（一）沂蒙儒学文化

孔子创立的儒家文化始终是中国古代社会的主导思想。以孔子为创始人的儒学文化的内容包含仁、义、礼、智、信、孝等。当年，孔子在周游列国时，也曾游至沂蒙，并将他的儒家思想带到沂蒙。春秋时期，沂蒙西南部就是当时的鲁国，因此，在孔子的众多弟子中，不乏沂蒙人士。根据《史记》记载，孔子的72个徒弟中，有13人是沂蒙人士，包括曾参、曾点等。正因如此，孔子的儒家思想广传于沂蒙，并在儒学文化的形成阶段就扎根于沂蒙。沂蒙地区的儒学文化传播久远且广泛，呈现出了很多的儒学家族文化，并孕育出了很多儒学经师。其中，也不乏用儒学治国理政，最具代表性的就是琅琊王氏家族及萧氏家族。

（二）沂蒙孝文化

沂蒙的孝文化历史悠久，也是中国孝文化发祥的重要地区。沂蒙孝文化是沂蒙对孝的规范、理念及行为方式的概括，沂蒙孝文化主要包含与"孝"有关的理论、法律法规、民风民俗及文化艺术等内容。儒家文化中的"孝文化"对沂蒙的"孝文化"影响深远，因为曾经生活在沂蒙或生长于沂蒙的孔子弟子们将儒家思想中的"孝文化"深深植根于沂蒙，并为沂蒙的"孝文化"提供了宝贵的思想和行为典范。其中，广为流传的代表作有春秋末年曾参的《孝经》及元代郭居敬的《二十四孝》。《二十四孝图》记载的内容中，有7人是沂蒙人士，如王祥、闵子骞、仲由、老莱子等。沂蒙的孝文化具有丰富的内涵，主要内容包含孝敬、孝养及孝顺等。沂蒙的孝文化在沂蒙的文化形态系统中是最具内涵、包容度最广、延续最长、渗透融合能力最强的文化内容。

（三）沂蒙兵学文化

沂蒙的兵学文化是指在沂蒙发展形成的与兵学有关的思想理论、文学艺术、风俗、传统及著名事迹等。在临沂银雀山 1 号汉墓中，发掘出了很多先秦时期的兵书，充分展现出了浓厚的沂蒙兵学文化。其中，也不缺乏典型的历史人物代表——琅琊阳都的诸葛亮家族，并且，诸葛亮家族也是沂蒙兵学文化传承的典型代表，他们的军事思想理论承前启后，让沂蒙的兵学文化得以绚烂发展和流传下来。两汉时期，诸葛亮的父祖辈都是朝廷命官，诸葛亮、诸葛瑾、诸葛诞都是文武兼备、治国安邦的历史人物，他们每个人的才能都非凡卓越。沂蒙兵学文化以诸葛亮为代表，呈现出集众所长、博采兼容的特点，并形成了严密、完整的治军修政思想体系，在兵学文化发展方面起到了至关重要的作用。

（四）沂蒙书圣文化

沂蒙书圣文化是以王羲之书法为核心的思想理论、文化艺术成果、风俗、传统等，也是在沂蒙形成的沂蒙文化形态。在书法艺术方面，东晋王羲之继承前人，敢于创新，创立了遒媚流丽的书写风格及今体书法，且将这种书法形式传承至今，正因如此，后人将王羲之尊称为"书圣"。自隋朝至今，历史上所有的书法家都学习和汲取他书法艺术中的精髓，并一直传承他的书法风格，让沂蒙书圣文化一直延续至今。

（五）沂蒙红色文化

沂蒙地区属于山东省，是革命时期重要的根据地，在整个革命历程中，沂蒙地区积淀了浓厚的红色文化，见证了中国革命历史的发展进程。除了沂蒙革命根据地、滨海根据地以外，还有中华人民共和国成立之后保留下来的革命遗址遗迹、陵园陵区、名人故居等革命时期的诸多遗迹，这些遗迹鲜明地展现了沂蒙地区浓厚的红色文化。另外，不管是新民主主义革命、社会主义革命还是改革开放，都给沂蒙人民带来了新的理想信念和价值观念，让沂蒙人民在水乳交融的精神文化和思想文化中繁衍生息。除此之外，还有革命时期流传的文化艺术也充分彰显了沂蒙红色文化的源远流长，其中包括革命时期的红色戏剧、文学、歌谣、美术、影像等众多文艺形式，另外还有各地流传的文字信息和标语口号等，都是沂蒙红色文化的象征。

（六）沂蒙商文化

沂蒙商文化是指以沂蒙为发展中心的商业思想观念、发展观念、风俗习惯、传统文化、文化艺术作品等内容。春秋战国时期，临沂的先民在齐国的统治下深受齐国商贸文化的影响。到清末民初，临沂的商贸发展空前繁荣，一大批徽、晋、苏等地的商客都在临沂开设商铺，在临沂的大小县城里建会馆和设商号。还在沂河的沿岸大设码头，让沂河成为了当时的黄金水道。到改革开放，临沂已经建立起全国第二大批发市场，商贸发达，也由此形成了兼容并蓄的沂蒙商文化。

二、不同沂蒙文化形态的内在联系

沂蒙文化的形态丰富多彩，展现出绚丽夺目的文化形态。沂蒙文化形态之间相互影响、渗透和联结，共同形成了丰富多样的体系，沂蒙文化形态中的各种子形态携手并进、共同发展，促进了沂蒙文化的发展和绵延不断，它们都是沂蒙文化形态不可或缺的一部分。

形成其他文化形态的重要根基是沂蒙的儒学文化及孝文化，沂蒙儒学文化又包含沂蒙孝文化。沂蒙儒学文化和孝文化中包含了沂蒙兵文化的忠君爱国、民本仁和等重要思想。此外，它们还含有沂蒙书圣文化孝廉、忠君、创新、勤劳等重要思想，赋予了沂蒙红色文化忠于人民、忠于国家、忠于党、敢于创新奋斗等精神，赋予了沂蒙商文化创新、拼搏、包容等精神。最初的沂蒙商业活动只是为了养家糊口和繁衍生息，但随着沂蒙文化形式的不断丰富和发展，沂蒙的商业活动逐渐发展为地区优势。并且，在这些文化形态中，起到凝聚作用的往往是沂蒙的孝文化。

　　沂蒙兵学文化可以展现其他文化形态。在沂蒙兵学文化中，充分展现了儒学文化和孝文化中的忠君爱国、无私奉献及仁和等重要思想。沂蒙的兵学文化和书圣文化在表达上都充分展现了变化之意境美。沂蒙的红色文化建立在兵学文化的基础上，与用兵之道、以民为本等精神不谋而合。沂蒙的商文化中也包含有兵学文化，兵法广泛应用于商贸活动。

　　沂蒙书圣文化也可以展现其他文化形态。沂蒙书圣文化中的爱国忠君、勤奋创新、廉洁孝顺等重要思想可以在其他文化形态中充分展现。

　　沂蒙红色文化是由其他文化形式形成并升华而来的。沂蒙红色文化充分展现了儒学文化及孝文化中的爱家爱国精神，是时代精神的印证和升华。对于沂蒙商文化而言，红色文化是商文化的精神支柱，两者的最终目的都是振兴沂蒙。此外，沂蒙红色文化还是沂蒙文化形态体系中的核心。

　　沂蒙商文化充分展现和应用了其他文化形态。它集中体现了沂蒙儒学文化、孝文化中的重亲情、重道义及正确处理个人与集体之间的关系等重要思想；体现了沂蒙兵学文化中的用兵之法；和沂蒙书圣文化一样，它还体现了文化创新的精神，其中，临沂商业活动都以开发和利用沂蒙书圣文化为主，沂蒙的商文化将沂蒙的红色文化发展得恰到好处。

　　上述文化形态的相互作用和联系，共同构建了完整的、独特的沂蒙地区文化形态。

第五节　沂蒙文化形态的地位

一、沂蒙文化是中华文化的源头之一

临沂师范学院原历史系主任孙玮在研究中华文化的源头时，出版了中华文明起源的初步探索。孙玮站在前人的肩膀上研究中华文化的源头，将前人的研究结果融入自己的研究中，并结合多种研究方法，不断探索中华文化的历史来源，经过不断的刻苦钻研和探微求索，他得出了结论：中华文化的根源在山东，且始于东夷文化形态。而东夷文化形态的腹地就是沂蒙地区，早期的沂蒙文化形态建立在东夷文化形态的基础上。

所以，中华文化的起源是早期的沂蒙文化形态。并且，孙玮还考证到中华民族形成以来的各个华夏首领的活动轨迹、出生地、亲属等都与山东有关，且大部分处于沂蒙地区，都属于东夷人。此外，夏朝建立的国家、都城、人物、地名等都与沂蒙有关。

另外，地下考古发现，新石器时代中晚期，黄河中游及渭水流域的中原地区还是母系氏族公社时期。并且，史学界公认大汶口作为文化系统中心，具有鲜明的先进性。这种先进性和优势主要体现在生产技术、生产工具、都城、阶级斗争及文字发明等众多方面，在历史不断发展的过程中，这种优势不断辐射全国。

孙玮的研究成果是诸多中华文化源头说之一，它至少从一个侧面论证了沂蒙文化形态的重要地位。沂蒙文化可能不是中华文化的唯一源头，但确是中华文化的主要源头之一。

二、沂蒙文化是中华文化重要的组成部分

沂蒙文化形态是中华文化的主要源头之一，是中华文化中不可或缺的一部分。它的重要性主要表现为两个方面：第一，在中华文化中，沂蒙文化形态是基础也是核心之一；第二，在中华文化的各个区域中，沂蒙文化形态具有鲜明的先进性。在我国远古时期，太昊、少昊、尧等沂蒙先祖的思想价值体系是部落的中心思想和信仰。并且，夏朝和商朝都起源于山东，因此，不难看出，在多民族国家中，沂蒙文化形态在当时就已经处于统治地位。其中，最有力的印证是中华民族的龙、凤文化都源于东夷文化中的龙图腾及凤图腾。另外，古代的沂蒙地区一直都传承着儒家思想，在沂蒙文化中，有很多儒学经师，他们有的传播儒学，传授思想观念，有的则入朝为官，位至宰相，还有的甚至成为了皇帝。因此，沂蒙文化形态才不断发展成中华文化的基础和核心。

就沂蒙文化形态中的六种子形态而言，它们都各具特色，且极具时代特征，因此，也具有鲜明的先进性。沂蒙儒学文化是在中国封建社会的农耕经济的基础上不断发展和丰富起来的，在历史上它符合时代的发展需要，并维持了社会稳定。沂蒙孝文化对人伦纲常进行良好的调整，形成了井然有序的社会发展基础。沂蒙兵学文化则为统治者提供用兵之道。沂蒙书圣文化则是传承古代文明的重要载体，将古代的文化信息传承至今。沂蒙红色文化更是适应了历史时代的发展需要，在中华民族独立、解放和共同富裕、繁荣发展的道路中尽显其价值。沂蒙商文化则是临沂发展市场经济、脱贫致富的重要助力和内在动力。

第二章　沂蒙红色文化的时代价值与实现

　　沂蒙红色文化根植于沂蒙地区，在沂蒙地区广袤的地理环境和文化氛围中，在中国共产党的坚定领导下，沂蒙人民积极投身于革命运动和建设社会主义伟大事业中，在这个过程中，他们创造了丰富多彩的红色精神文化、物质文化等红色文化形态。沂蒙红色文化是一种文化实体，在特定的环境和系统中，沂蒙红色文化不断发展。本章主要探讨沂蒙红色文化的经济价值、文化价值、德育价值及沂蒙红色文化价值的实现。

第一节 沂蒙红色文化的经济价值

一、为沂蒙地区的经济建设营造良性环境，为市场经济的健康发展提供精神动力和方向保证

首先，沂蒙的红色文化始于新民主主义革命阶段，并在社会主义革命和建设中不断丰富和发展，社会主义、共产主义的伟大理想始终是引导沂蒙人民不断追求理想生活的奋斗动力和源泉。在沂蒙红色文化中形成的积极进取、敢于拼搏、不怕牺牲、大胆创新的精神追求在长时间的传承和积淀之后，变成了沂蒙人民的一种常态化心理，在积极心态的感召和影响下，人们可以自觉地产生价值判断和价值取舍，并形成适应社会发展的经济发展思想和经济发展道德，进而起到规范和引导整个社会价值取向和经济行为的作用，避免出现经济建设错位的现象，由此营造一个先进、健康的经济舆论环境、稳定祥和的社会心理环境及互惠互利、诚信的市场经济环境，保障沂蒙地区和我国的经济建设朝着正确的方向不断进步和发展，最终形成健康、持续、发展迅速的社会主义市场经济环境。

其次，沂蒙红色文化是社会主义先进文化，其最主要的社会价值和根本属性是维护并促进社会先进生产力的发展，通过充分传播和弘扬沂蒙红色文化，可以让人们自主应用马克思主义世界观和方法论正确认识并改造世界，并不断提高劳动者的积极性和创造力，使其积极投入实践生产中，不断提高劳动者追求先进科技的诉求，激发劳动者通过现代科技主动钻研劳动技术的积极性，不断提高生产水平和速度，由此推动社会主义市场经济的发展。

最后，优秀的区域文化具有独特的文化魅力、深厚的文化底蕴及丰富的文化内涵，这有助于吸引人才、招商引资及促进区域经济与外部经济的交流合作；在区域内部则可以促进优秀企业文化的产生，为企业发展提供延续不断的精神动力和文化动力。沂蒙红色文化的鲜明特点是影响范围广、知名度高，并且，其中包含的民族精神和民族力量让外界对沂蒙文化感到震撼和感动，正因如此，沂蒙地区的企业和发展项目得到了高度关注，也吸引了很多外来资本，使沂蒙地区的经济得到了高效发展。

二、沂蒙红色旅游蓬勃兴起、红色文化产业发展迅猛，逐渐成为沂蒙区域新的经济增长点

随着工业时代的高速发展，人们对文化消费的关注度越来越高，人们认为提高生活质量的重要标志就是文化消费高，当下，文化消费也变成了一个新的经济增长点。文化产业蕴含着丰富的经济价值，文化产业的主要特点是以生产、交换和消费精神产品为经济发展要素。并且，沂蒙红色文化属于稀缺文化产品，因为它传承和展现了沂蒙红色文化的重要内涵和精神价值，不管是发生革命历史事件的遗址、战争遗址，还是展示的会馆、碑林、名人故居等，都具备充足的品牌效应及知名度，值得被全国人民认识并熟知。

近些年来，临沂市已经开发了一大批具有历史价值的红色旅游景区，如华东革命烈士陵园旅游区、蒙山红色旅游区等一系列具有浓厚历史价值的景区，再结合便利的交通和网络、周边的自然资源、丰富多彩的民族文化及重要的地理位置，沂蒙地区的红色旅游经济成效明显，带动了当地经济的迅速发展，让当地人民脱贫致富，不仅提升了人文优势和经济优势，还带动了经济结构的优化升级，打造出了很多特色产业，让当地的相关行业也得以发展，为当地增加了就业机会，缓解了就业压力，让当地的发展呈现出崭新的面貌。

除此之外，凭借自身优势，临沂市运用红色文化资源的方式也开始

转变，由单一形式的政治教育形式转变为市场经营模式，以红色文化为基础，大力发展地区经济，由文化品牌转型成经济品牌，形成绿色健康的经济产业链。除此之外，临沂市还大力发展设计业、主题公园、影视广告、会展及文体联姻等一系列项目，为当地各行各业的发展带来了无限助力，从这些案例中不难发现，文化特色可以转化为经济优势，不仅可以彰显革命年代的热情及理想信念，奏响社会发展的主旋律，还能活跃文化市场，让文化产业成为新兴的市场经济，并为区域经济和全国经济的增长增添了新活力。

第二节　沂蒙红色文化的文化价值

一、丰富和发展社会主义主流文化的价值

文化产生于特定的历史背景下，是历史的成果和见证，另外，文化也是历史的延续。文化具有传承性，在不同的历史时空，文化具有不同的影响和意义，并且，在特定的时间段，文化要素也得到了不同程度的丰富和发展。沂蒙红色文化是革命战争年代孕育的历史文化，是新时期不断丰富和发展的瑰宝。沂蒙红色文化具有强大的历史文化背景和顽强的生命力及发展动力，并在中华民族的伟大实践中不断延续、丰富、进步和发展。沂蒙人民一直继承着儒家文化的崇尚正直、讲道义、诚实守信、和气正直的文化精神，并将这种文化精神完善和升华，最终发展成为内涵丰富、特点鲜明的沂蒙红色文化，这种文化继承和传递着优秀的革命传统、优良的民族内涵及先进的革命精神，直至21世纪的今天，这些文化内涵仍然让人振奋，并一直是民族发展过程中的最强号召。除此之外，它们还与社会主义发展潮流文化共同前进，和

沂蒙文化形态共同构建中华民族精神，成为 21 世纪重要的时代精神。

二、有利于推动社会主义先进文化建设

文化是哺育和继承民族精神的重要载体，是一个民族的灵魂。在传播沂蒙红色文化的过程中，可以有效防止和消除垃圾文化的萌生，沂蒙红色文化蕴含的文化元素和内核是促进社会主义先进文化建设的重要助力。

在发展社会主义先进文化的进程中，我们应该矢志不渝地坚持走中国特色社会主义文化发展道路，努力打造社会主义文化强国，始终坚持社会主义发展方向。实现这些目标最好的选择就是发展红色文化，其中，沂蒙红色文化就是最好的典范。不管是坚持社会主义发展，还是继承和弘扬无私奉献、艰苦奋进的道德品质，抑或是崇尚科学民主的现代理性思想，都呈现出沂蒙红色文化的丰富内涵和优秀品质，并不断促进社会主义先进文化的进步和发展，为建设社会主义先进文化提供了强大的助力。

第三节　沂蒙红色文化的德育价值

一、为开展德育活动提供理想方式

随着互联网和多媒体的迅猛发展，我国的信息化发展进程越来越快，人们对网络也越来越依赖。受历史发展背景的影响，德育教育和主客体的身份等呈现出了新的发展趋势，传统的教学观念及知识体系

已经无法满足新时代的德育需求，所以，为了跟上时代的发展步伐，促进德育教育的全面发展，非常有必要开展信息多元化、全面化、生动形象、覆盖面广的德育形式，其中，最好的选择就是弘扬并传播沂蒙红色文化，以文化魅力升华德育活动，让德育活动紧跟时代发展潮流。

沂蒙红色文化继承并发扬了光荣的革命传统、崇高的价值追求及优良的民族品质。除此之外，沂蒙红色文化还为德育活动提供了生动有趣的文化环境，让德育活动具备教育性、趣味性、科学性、娱乐性等特点，在弘扬和传播沂蒙红色文化时让人们感到文化的鲜活生动，并引导人们唱红歌、品红剧、观革命圣地等，使人们切身感受红色文化的生命力，并在潜移默化中感受祖国山河的辽阔、时代精神的震撼和鼓舞及革命先辈的抛洒热血，把原本枯燥无味的教育过程变为生动有趣的切身体验和感悟。

沂蒙地区的人民应该充分利用现代化的传播手段，不断增强红色文化的宣传力度，增强德育活动的多样性和丰富度。专题大片《沂蒙山水》中恢弘的气势及弘扬的主旋律，以及文学作品《沂蒙红嫂》中细致入微的情感和人物刻画，都充分展现了沂蒙红色文化的文化魅力和价值；在"五四"、"七一"等重要的传统节日和纪念日，充分展现革命先烈为国家建设做出的重大贡献，这也是红色文化的先进典型，呈现出沂蒙红色文化的生动直接、潜移默化及润物细无声，让人们深受优秀传统文化的熏陶和教化。因此，要将当下时代发展的两大主题——爱国主义教育及思想道德建设融入沂蒙红色文化活动中，让人们深切感受红色文化的价值和信念，进而促进德育活动的发展，使德育活动的实践获得最佳效果。

二、为陶冶道德情感提供有效途径

思想情感是养成独立人格、个性及行为习惯的重要因素，也是促使人们发生和保持某种行为的内在动力。情感是一切行为的原动力，道德情感亦是如此，道德情感直接决定一个人的思想品德，道德情感还是一切道德行为的内在动力。德育活动的有效实行应该注重激发客体的情感共鸣，不能以枯燥的理论知识进行说教式教化。当下，沂蒙红色文化对德育起到了非常重要的作用，因为沂蒙红色文化是展现社会主义道德价值观的新形式、新平台，不管是巧妙构思的文学作品、振奋人心的大型歌舞表演还是感人至深的优秀画作，它们都是沂蒙红色文化的重要组成元素，并通过自身独特、丰富的艺术形式家喻户晓，让红色文化逐渐进入大众的视野中，展现出人们对崇高精神的向往和灵魂寄托。

除此之外，遍布各地的沂蒙革命文化建筑更让人们产生了瞻仰和怀念共产党人伟大、无私的情愫，并且，通过了解这些文化历史，也增强了人们的自豪感和爱国热情，不仅感叹建设祖国大好河山的不易，还从内心深处感到震撼，为国家发展的艰难历程感到自豪和无限激励，由此产生强烈的民族自豪感和爱国主义情怀。通过这些革命文化遗迹和建筑，可以起到缅怀前人、教育今人、砥砺后人的重要作用。沂蒙红色文化具有丰富的内涵、生动形象，它蕴含了浓厚的英雄气概和爱国情感，不断增强人们的爱国情感，让人们的心灵变得更加充实，让人们的精神境界不断升华，进而培养人们健康的民族情感，让人们在思想上不断进步，并不断丰富人们的工作和生活，最终促进人的全面发展。

第四节　沂蒙红色文化价值的实现

沂蒙红色文化呈现出了越来越高的价值，在这样的情况下，人们需要思考如何对沂蒙红色文化资源进行挖掘和利用，如何在更大的范围内传播沂蒙红色文化，如何加强沂蒙红色文化建设。

一、沂蒙红色文化当代价值实现的基本原则

（一）立足于现实与实践，总结过去的经验

沂蒙红色文化之所以能形成是因为我党在沂蒙地区开展了多次革命实践、改革实践，也就是说，沂蒙红色文化是在实践中形成的，是在实践活动中发展和创新的。所以，传承沂蒙红色文化、发扬沂蒙红色文化事业需要在实践中进行。除此之外，沂蒙红色文化对实践问题的关注程度、回应程度会直接影响到它的价值发挥及战斗力。因此，沂蒙红色文化的发扬传播必须以实践为基础，必须关注现实，必须从现实的角度出发，运用沂蒙红色文化解决实际问题，从而推动沂蒙地区的发展。

当下我们传承发扬沂蒙红色文化时，必须立足于实践和现实，与时俱进，开发与新时代有关的红色元素、红色文化，让沂蒙红色文化也显现出与新时代有关的文化特征。对沂蒙红色文化资源的开发需要适度，需要在保护沂蒙红色文化资源的基础上进行开发，这样沂蒙红色文化才能持续发展，才能在社会中发挥更大的效益。红色文化和旅游业的结合需要旅游经营者改变经营理念，认真看待红色文化，积极地宣扬红色革命传统、英雄人物事迹。红色旅游资源必须发挥教育作用，红色文化和旅游业的结合应该体现出寓教于乐的目的。

（二）坚持以人为本，充分尊重人的文化主体地位

在认识世界、改造世界的过程中，人一直是主体，事业的发展、成就的获得都需要把人作为出发点及最终的落脚点。沂蒙红色文化的发扬及传承必须依赖人的主动性和积极性。我国社会学家费孝通先生在研究文化的过程中提出了一个新的概念——文化自觉。文化自觉指人应该对其生活中出现的文化有所了解，知道文化的来历及文化的形成、文化的特色、文化的发展。他认为文化想要发展必须以文化自觉为基础，

沂蒙红色文化的传承需要依托沂蒙地区人民的自觉。在沂蒙红色文化传播的过程中，沂蒙地区的人民就是开展活动及实践的主体，他们的文化自觉程度直接对沂蒙红色文化的传播程度产生了影响。从这个角度进行分析可以清晰地认识到一点，那就是沂蒙红色文化的传播必须考虑人民群众的观点，注重人民群众的主体地位，调动人民群众的积极性，发挥人民群众的创造精神，激发他们的创造潜力，让人民群众真正成为沂蒙红色文化传播的参与者。

传播沂蒙红色文化的骨干是文化工作者，如果文化工作者能够以积极的态度参与文化工作，使用科学的方法开展工作，那么，沂蒙红色文化将会得到更好的传播，沂蒙红色文化工作的工作效率也会有所提升，沂蒙红色文化也可以在社会中发挥更大的作用，展现出更大的价值。因此，我们需要关注文化从业者的素质与能力，提升他们的工作意识，引导他们正确运用沂蒙红色文化，积极传播沂蒙红色文化。

（三）在沂蒙红色文化资源开发过程中加大保护力度，重视社会综合效益

沂蒙红色文化资源的开发需要有整体观念，需要在开发资源的过程中持续地对资源进行保护。也就是说，要做到资源开发和资源保护的有机结合，这样沂蒙红色文化才能稳定持续地发展。

对现在沂蒙红色文化资源开发工作进行分析可以发现，工作中存在诸多问题。如多头管理、建设重复、开发过度、侵权开发、无序开发等。除此之外，还有一些红色文化遗产因为分布相对零散、资料记录不全等原因没有被人们关注到，一直处于被埋没的状态。所以，当下应该加强对沂蒙红色文化资源的保护力度。

第一，工作的开展必须遵循"保护为先、抢救最重、科学开发、提升管理"的基本方针，在此基础上，按照市场发展需要对文化项目的开发进行评估。开发过程中必须始终强调保护性开发，保护性开发可以使用的手段有立法保护、抢救保护、教育保护及试验保护。红色物质文化资源需要在不破坏其真实性、完整性的基础上进行开发，与此

同时，物质文化资源还要转化成无形的文化资源。开发过程中，应该注重物质资源和周围环境之间的统一和谐。

第二，注重宣传教育，引导人民群众参与到沂蒙红色文化资源的保护行动中。宣传教育工作应该由文物行政主管部门负责，文物行政主管部门可以和广播电视台、出版社、教育局等相关部门合作，积极开展沂蒙红色文物的宣传、教育工作。建议教育部门在教学计划中加入与文化资源保护有关的内容，从娃娃开始进行资源保护教育。沂蒙红色文化宣传教育工作应该进社区、进学校、进乡镇，真正做到全面覆盖，这样，人民群众的文化自觉才能在更大程度上被唤醒。新闻媒体应该注重宣传英雄人物的具体事迹，曝光各种违法事件及与红色文化背道而驰的反面典型，媒体应该充分发挥自身监督舆论的重要作用。

第二，完善法律法规。在法律中明确沂蒙红色文化资源保护的重要性，并且严格按照法律规定执法。目前，与沂蒙红色文化资源保护有关的法律法规主要有《环境保护法》《文物保护法》及临沂市专门针对旅游资源保护与开发制定的管理方法。执法人员应该严格按照法律法规的规定处置违规开发沂蒙红色文化资源的行为，同时还要注重监管。在对违规行为进行处置时，应该加大惩治力度，严格将惩罚落实到个人，追究违法人员的具体责任。沂蒙地区的自然生态环境非常独特，在发展的过程中也形成了悠久的历史文化、丰富的民俗文化。所以，对沂蒙地区红色文化资源的利用应该有机结合沂蒙地区的生态资源、历史资源、民俗文化资源，这样，红色文化资源的开发利用才能达到更广、更深的程度。

二、沂蒙红色文化当代价值实现的有效途径

（一）增强沂蒙红色文化基地建设，为其价值的实现提供依托

沂蒙红色文化基地对沂蒙红色文化的弘扬至关重要，沂蒙红色文化需要以文化基地为依托向人们展示沂蒙地区在实践中获得的优秀革命传统及过去光荣的革命历史。沂蒙红色文化需要以沂蒙红色文化阵地为依托彰显自身的价值及功能作用。沂蒙红色文化基地应该是党员学习党的历史、提高党的觉悟的重要场所，应该是人民群众了解民族发展、感悟民族精神的主要阵地，它应该是儿童和青少年了解文化传统、提升道德品质的重要课堂。

第一，为沂蒙地区红色文化教育提供更丰富的资源。沂蒙地区建设了很多与革命有关的场馆，如八路军115师师部旧址暨山东省政府成立纪念地、华东烈士革命陵园、孟良崮战役纪念馆、华东野战军诞生地纪念馆，这些革命遗址、展示场馆是开展沂蒙红色文化传播的主要阵地，这些基地中汇聚了很多与沂蒙红色文化有关的资源。但是，资源并没有得到充分的挖掘，沂蒙地区应该努力拓展资源，让英雄事迹、革命历史红色典型可以充分发挥自身的教育作用。

第二，注重基础设施的建设。基础设施和通讯、安全、交通、水电及服务等方面有关。沂蒙红色文化基地基础设施的建设需要政府提供资金支持，也需要政府参与管理，政府各部门之间应该建立合作机制，共同为沂蒙红色文化的继承与发扬创造良好环境，积极助力基础设施的稳定有序建设。

第三，沂蒙红色文化基地应该优化和完善管理方式、运作方式，在关注经济效益的同时也关注社会效益，为人们提供更多公益性服务。沂蒙红色文化基地在提供公益性服务时，政府应该给予政策支持、财政支持。特别是对老年人、未成年人，应该适当减免参观票。与此同时，尽快推动实行全体人民免票参观的管理政策，让人民群众以最少的经

济代价学习和感受沂蒙红色文化。与此同时，沂蒙红色文化基地也应该积极探索其他可以扩大基地影响力的方式。举例来说，沂蒙红色文化基地可以在五一劳动节、十一国庆节及八一建军节等节日开展大型的与节日有关的主题活动或展览，展览、活动的举办可以在社会引起较大的反响，可以扩大沂蒙红色景区的影响力，人民群众也可以在参观展览、参与活动的过程中受到潜移默化的教育。在革命老区建设沂蒙红色文化基地也可以带动革命老区的经济发展，帮助革命老区脱贫致富。

第四，注重建设沂蒙红色文化基地的人才队伍。沂蒙红色文化基地能否发挥出真正的影响力、能否树立良好的形象、能否获得人民群众的认可，很大程度上受到沂蒙红色文化基地工作人员、管理人员、服务人员综合素质的影响。工作人员的道德素质、文化素质、业务熟练程度、服务质量都会对沂蒙红色文化基地活动的开展、文化的传播产生影响。所以，沂蒙红色文化基地必须注重人才队伍建设，必须培养出综合素质水平高的从业人员。

（二）充分履行政府各项职能，调动社会各方的积极性

政府对社会资源的分配有决定权，所以，政府在参与沂蒙红色文化工作的过程中始终占据主导地位，新时代，沂蒙红色文化想要继续传承、弘扬，各级政府必须发挥出主导作用，必须履行政府职能，这样沂蒙红色文化才能真正展现其价值和作用。

第一，政府应该履行宣传职能及规划职能。沂蒙属于临沂市管辖，所以，临沂市政府应该对沂蒙红色文化的弘扬进行科学的规划，合理制订发展规划书、发展建议书，这样沂蒙红色文化的发展才是科学的、规范的、有依据的。临沂市各级政府应该积极借助各种传播途径向外推广与沂蒙红色文化有关的展示会、纪念会及其他活动，积极地宣传，整体地规划，这有助于沂蒙红色文化品牌形象的树立。

第二，政府应该履行财政职能及政策扶持职能。沂蒙地区的发展离不开临沂市政府的支持，也离不开中央政府的支持。各级政府应该为

沂蒙地区红色文化的弘扬与发展提供良好的环境支持，政府应该提供更多的资金，除此之外，还应该为临沂红色文化的传承培育人才，优化完善各项制度，配备活动开展需要的基础设施。也就是说，各级政府应该全面地从财政及政策方面为临沂地区的发展提供帮助。

第三，政府应该履行协调监管的职能。临沂地区红色文化的继承与弘扬和文化部门、教育部门、旅游部门、林业部门、科技部门、农业部门、交通部门、水利部门、文物部门、通信部门都有某种程度上的关联。政府应该建立各部门之间的合作机制、各区域之间的合作机制，将具体责任落实到具体部门，加强部门之间的协调，平衡各方利益。除此之外，政府还需要监管资金的使用，避免资金的无效投入，提高资金的运用效率。只有政府构建出了优质的投资环境，投资者才能被吸引，才能为临沂红色文化工作的开展提供资金支持。地方政府应该从长远角度制定整体发展目标，统筹科学地对红色文化资源进行分配。在开发资源时，应该始终坚持资源的保护性开发，注重红色文化资源的持久利用，让沂蒙红色文化资源有更长的生命周期。政府应该通过机制打破区域之间、部门之间的壁垒，加速资源的流通和整合，这样资源才能发挥更大的作用，才能带来更高的社会效益。

第四，政府应该履行制定和优化法律规章制度的基本职能。各级政府应该为沂蒙红色文化的发展制定法规及制度，为沂蒙红色文化工作的开展提供优质的文化传播环境和稳定有序、公平公正的市场，这样经济活动、旅游活动的开展才能是稳定的、安全的。

政府除了履行自身的职能之外，还应该呼吁社会力量积极加入沂蒙红色文化的建设工作。举例来说，政府应该注重教育方面的建设，吸引更多优秀的人才参与沂蒙红色文化的继承工作、弘扬工作。政府还应该积极号召媒体参与沂蒙红色文化的宣传与报道，并且为社会资金的流入提供融资渠道，吸引更多的社会资本进入市场。市场中主体的多元化也有助于市场活力的提升。政府只有积极调动社会力量的参与，沂蒙红色文化工作的开展才能有更多的主体，才能形成更大的活力，沂蒙红色文化才能真正向外传播。

（三）丰富传播方式和途径，全方位展现沂蒙红色文化魅力

沂蒙红色文化的大力弘扬需要不断丰富传播方式和传播途径，拓宽文化传播的渠道，形成全方位展现沂蒙红色文化的传播平台，以此凸显沂蒙红色文化的时代特征。

第一，重视大众传播媒介的重要性，在报道和宣传新闻媒体的过程中有意识地宣传沂蒙红色文化，增加红色文化的影响力和曝光度。在日常生活中，新闻媒体一直是党和政府的喉舌，引导着社会舆论的走向，也是老百姓首选的信息互通渠道。将沂蒙红色文化与各类大众传播媒介融合，通过新闻专题、新闻报道、新闻专栏等新闻传播形式营造一个良好的文化传播的舆论环境。

第二，教育部门应该结合沂蒙红色文化的特点，将沂蒙地区的革命先烈事迹、优秀的民族精神及高尚的道德价值融入教学计划中，并展现在教学材料中，还可以将这些素材用于培养和教育青少年的爱国主义思想，这样不仅可以促进青少年德育工作的顺利开展，还可以有效传播沂蒙红色文化。

第三，文化部门应该加强编写和发行与沂蒙红色文化相关的教育读物，让沂蒙红色文化走进各企业单位、学校及老百姓的生活中，唤醒和提高党员干部及民众的文化自觉与文化自信，让他们积极地参与到弘扬和传承沂蒙红色文化中。

第四，在公共文化场馆宣传和传播沂蒙红色文化。在实际生活中，各地区的文化馆、博物馆等文化场所浓缩并展示了各种各样的历史文化，通过文化场馆的宣传和传播，可以有效传承人文精神和传播红色文化。沂蒙地区的公共红色文化场馆众多，有红色博物馆、名人纪念馆、档案馆等一系列场所，它们浓缩并展示着沂蒙红色文化的厚重历史和精神内涵，正因如此，更应该加强建设场馆的文化感染力和传播力度，改善并提升服务质量，加大开放力度，让更多的民众感受沂蒙红色文化的魅力，将文化场馆的社会价值和历史价值发挥至最大。

第五，举行红色文化展览，不断提高沂蒙红色文化的知名度和影响

力。在举办展览的过程中，一定要注重动静结合，在展示静态物品时，一定要突出主题，准确地切入重点，文字介绍一定要逻辑清晰，图片的设计一定要醒目。此外，不能只有静态的画面展示，还应该结合现代科技，利用声光电技术全面打造动态的影视作品，增强民众的体验感，通过影像的方式再现历史情境，不断提高沂蒙地区的整体形象。

第六，充分利用互联网发展沂蒙红色文化，建立专门的宣传网站。通过互联网有效的宣传优势，可以将沂蒙红色文化信息分类整合，设置专门的宣传项目和内容，提升宣传效率，不断提升沂蒙红色文化的知名度和影响力，最终形成良好的品牌效应。

第七，打造红色文化艺术精品，传承和弘扬红色文化。有效实施文化艺术精品战略，积极扶持原创作品，支持舞台艺术精品打造，要打造一批具有国家代表性、民族性的文学艺术精品。在红色文化中，每一部影视作品、每一首歌、每一首诗词，都是历史文化经典，都承载了一段历史。对于文艺工作者来说，欣赏和品鉴这些文化艺术精品无疑是感悟经典、回顾历史最好的方法，其可以在经典革命文化中不断汲取创作灵感，进而升华自身创作的红色文化艺术精品。其中，比较常见的艺术形式有红色题材影视剧、红色戏曲、红色杂技及红色歌舞等，这些红色文化精品生动形象地再现了沂蒙地区浓厚的革命情感及深深的军民之情，通过光与影的变换和结合以及经典文化内容的再现，人们可以感受到震撼人心的革命热情和爱国情怀，进而让民众更加了解沂蒙红色文化，并通过切身体验更加热爱红色文化。

第八，积极开展"九个一"①为主题的精神文明建设活动。通过群众精神文明建设活动，可以有效发挥群众的自主创新能力，让群众的自我精神风貌得到全面的展现，这一类活动还能满足群众的精神需求和知识需求，并在此基础上不断提高自我学习、自我教育及自我完善的能力。建设先进文化的重要载体是不断汲取和掌握先进优秀文化、

---

① "九个一"是指"读一本红色书籍，上一堂红色教育课，看一台红色节目，唱一首红色歌谣，诵一篇红色诗文，观一部红色影视作品，游一次红色圣地，护一件红色文物，写一篇红色体会"。

积极参与文化艺术创造活动。除此之外，群众还能通过不断的学习和创造提高思想境界和文明程度。组织开展"九个一"主题活动，不仅可以让人民群众积极参与先进文化的建设，还可以促进社会主义现代化建设。

（四）注重人才建设，为弘扬沂蒙红色文化提供人力资源

沂蒙红色文化从业人员是建设社会主义精神文明的核心力量，是建设社会主义先进文化的骨干，在一定程度上，他们的专业水平、思想道德水平及业务水平等直接影响沂蒙红色文化的宣传力度以及发挥沂蒙红色文化的价值和功能的力度。所以，为了促进沂蒙红色文化的有效发展，应该培养大批专业能力强、素质高、思想道德水平高的从业人员。

首先，政府部门应该加大扶持力度，有效保障从业人员的职业培训，加大培训经费的投入。保障本土文化能人及非物质文化遗产传承人的生活，如果有做出突出贡献的人员，则应该设立相关的鼓励基金，由此调动文化从业人员的工作主动性及积极性。

其次，积极创新培养人才的模式，有效实施人才培养计划，构建人才终身学习及相互交流的信息平台。不断完善人才选拔、人才评价、人才挖掘、人员配备及激励奖励机制，形成系统化的优秀人才选拔机制，营造良好的社会氛围和和谐环境，促进区域文化的有效发展。

再次，将高校作为培养人才的主要渠道，在高校内开设不同的培训班及专业课，不断培养敢于创新、敢于开拓新领域的新时代发展人才，包括现代传媒技术熟练的专业技术人才、经营理念先进的复合型人才及学习和实践能力强的实用型人才。着重培养广播影视、传媒、视觉艺术、表演艺术、广告设计等专业的服务型、创意型群体，构建完善的人才体系，为文化发展奠定坚实的基础。除此之外，还应该组建专业强、素质高的研发团队，并将这些研究人员分配至各高校、各科研院所、各博物馆及各政策研究室等组织机构，让他们专门研究红色文

化的传承和弘扬渠道与方法，进而促进沂蒙红色文化的有效传播和弘扬。

最后，沂蒙红色文化从业人员应该自觉践行社会主义核心价值体系，不断增强自身的职业道德，积极弘扬奉献精神，发扬中华优秀传统美德，积极提升服务意识和道德品质，积极参与专业培训，形成良好的工作态度和扎实的业务能力，为建设先进文化和弘扬红色文化贡献自己的一份力量和智慧。

（五）加快红色旅游发展，推动沂蒙红色文化的产业化进程

1. 重点改进，寻求红色旅游深入发展

我国的文化产业根据内容结构的不同，可以分为五个方面，即教育产业、科技产业、媒体产业、艺术产业和旅游产业。这五个主要的文化产业是我国文化产业体系的支柱性产业。因此，推动沂蒙红色文化产业化发展的重要途径是充分利用红色文化资源发展具有独特意义的沂蒙红色旅游产业。

（1）深入发展沂蒙红色旅游产业必须加强基础设施建设，提高旅游景区的服务档次。积极建设临沂的交通网络，实现旅游交通的"立体化"发展，有效整合铁路、动车、高速公路及航空等交通网络，形成全方位、多格局的交通网络，有效改善交通环境；积极贯彻落实"好客山东旅游"的服务标准，建设一批符合服务标准的星级酒店，这一批星级酒店需要符合服务优、档次高、功能全的要求，并建设为度假型、观光型、会议型酒店，便于游客依据自身需求预订酒店，除此之外，在酒店中还可以融入文化元素，突出酒店的文化特色和品味；不断改善景区基础设施，让景区朝着设施齐全、先进、完善的方向发展，进而为游客提供更加高效、舒适的服务，让游客在食、住、行、游等方面享受立体式服务。另外，还要对旅游区的导游和讲解员进行系统化培训，加强他们的专业能力和业务能力，提高他们的综合素质。在讲解的过程中，一定要做到尊重红色史实及声情并茂地讲解，科学理

性的同时以情动人，从而使游客有好的体验。

（2）对旅游区的资源进行整合，提高旅游区的档次和品味。优化升级沂蒙地区的文化资源、历史资源、自然资源及民俗资源，科学、有效地配置资源，有机整合各种资源，打造高质量、高档次的复合型旅游文化产品，突出沂蒙红色文化旅游区的三大旅游主题——绿色沂蒙的自然风光、红色风情的革命旅游胜地及文韬武略的文化怀古旅游，提供全方位、多层次、高质量的旅游服务，从而满足消费群体不同的消费需求，促进旅游资源的共同发展。除此之外，临沂还应该着力打造"一心三线七区"的旅游空间格局，"一心三线七区"是指以临沂市区为中心，以战争线、支前线、政权线为轴，打造华东小延安旅游区、红色首府旅游区、滨海传奇旅游区、英雄孟良崮旅游区、战地歌声旅游区、英雄新四军旅游区、红嫂家乡旅游区七大高品质红色旅游区。

（3）加强区域之间的协作，建立良好的合作机制。一直以来，沂蒙地区的红色文化旅游在发展的过程中一直存在着各自为政的现象，对资金和人才等重要因素的流动性不予理会，实行区域封闭式发展，导致资源的极度浪费。所以，相关部门应该组织从业人员打破行政限制，实施区域互动，共同塑造沂蒙红色文化旅游的整体形象、培养和开拓旅游市场、建设和完善基础设施、打造全面发展的沂蒙地区红色旅游景区等。另外，各旅游区应该加强与周边旅游资源的有效合作，共享资源、共同进步、共同发展。其中，与沂蒙地区毗邻的红色旅游景区包括济南的战役纪念馆和革命烈士陵园、枣庄的红色战地遗迹等，这些红色旅游资源可以有效拓展临沂的红色旅游发展，为其提供良好的发展空间和发展前景，再结合便利的交通网络，形成跨区域的精品红色旅游体系。

2. 全方位、多层次开发沂蒙红色品牌，丰富沂蒙红色文化产业体系

推动沂蒙红色文化产业的发展必须构建种类齐全、结构合理、创意十足、富有竞争力的现代化文化产业体系。不仅要推动传统文化产业的发展，也要加快推进新兴文化产业的发展，其中，传统的文化产业

包括影视制作、戏曲杂技、红色文化艺术等，新兴的文化产业包括数字媒体、文化创意、动漫游戏等，从实际情况来看，临沂具有得天独厚的红色文化资源，因此，临沂应该将文化产业作为支柱性产业，形成规模化文化产业和集约化文化产业。

除此之外，沂蒙红色文化的长远、持久发展必须走品牌发展路线，多层次、全面地开发品牌文化，打造属于自己的品牌形象，形成竞争力强的品牌实力。品牌价值的影响因素有美誉度、知名度及市场影响力等，品牌的打造需要沂蒙全面整合当地的红色文化资源，对不同类型的文化资源进行规划和归类，并清晰地认识这些文化资源的知名度和影响力等，全面打造具有独特价值和意义的沂蒙红色文化品牌，然后，分析消费者的消费需求、消费习惯、消费心理及对红色文化的认可度，有针对性地在产品中融入对应的红色文化元素，不断创新，打造具有强大竞争力的文化品牌，让沂蒙红色文化融入不同类型的文化产品中，凸显红色文化的独特魅力，让消费者信赖和认可。

当下，沂蒙地区实现文化和经济共赢的品牌多达数百个，门类多样，包括文化艺术、饮食文化、工艺美术、服装造型、化工等，知名度较高的品牌有沂蒙山小调和六姐妹系列、沂蒙老区酒、拥军独轮车等，这些品牌已经享誉全国，得到了全国消费者的认可，逐渐成为沂蒙地区的知名品牌，也是沂蒙地区的镀金名片，集中展现了沂蒙红色文化的品牌价值。

第三章 沂蒙红色文化传播的多元路径选择与效率提升

第一节 场景化时代沂蒙文化的传播

随着社会经济的快速发展，网络信息化的广泛使用，公众接受信息的方式发生了改变，梅罗维茨在他的著作《消失的地域：电子媒介对社会行为的影响》中提到了"媒介情景理论"，针对"情境"进行了具体的划分，分别是"新场景"和"旧场景"。网络信息的出现、传播和发展就把人们的生活方式从"旧场景"转向"新场景"，网络信息传播方式已经改变和发展了传统的内容、形式和群众的生活方式，使人们对沂蒙文化的理解逐渐深入。罗伯特·斯考伯与谢尔·伊斯雷尔在作品《即将到来的场景时代》中也提到了场景传播的相关内容，他认为场景的转变分别与大数据、移动设备、社交媒体、传感器和定位系统五大要素息息相关。

除了上述学者对"媒介情景理论"做了具体的阐述外，西方的其他教育学家也对"情景理论"有很多探析，他们认为媒介情景是把个体和情景联系起来的重要纽带。在情景化传播的过程中，社会人员在其中发挥着重要的作用，社会成员可以在实践中自发、自觉、主动地凸现自我认知，对红色文化的感受也更为强烈。尤其是通过信息化技术构建的红色文化视觉场景，更为红色文化的传播奠定了坚实的基础。

一、基于虚拟现实技术的视觉场景传播

构建虚拟的红色文化视觉场景可以利用电子信息技术来实现，如虚拟现实（Virtual Reality）的虚拟体验。VR 就是充分发挥电子计算机的图像、多媒体、传感器和仿真等技术模拟红色文化的历史场景和革命人物，人们在体验的过程中不仅能够从视觉方面感受当时的场景，还能通过触觉、听觉等生动形象地感知当时的情况。目前 VR 的虚拟体验已经在技术方面得到了突飞猛进的发展，此项技术不仅仅用于日常场景体验，现在已经广泛地应用于军事领域、国防部等部门，使用此技术，能够有效地打破时空限制和地域差别，实现在不同地区的旅游实景体验。

红色文化的传播在不同的情景中会发挥不同的作用，也蕴含着不同的意义，因此红色文化可以利用创设情景来传播。就目前的情况来看，沂蒙的红色文化传播方式主要有旅游产业、讲述革命人物及重大历史事件、革命先烈所使用的旧物、遗址，以及可以展示的文化艺术作品，如书籍、书画、信件等。但随着时间的推移，经历过红色文化的人越来越少，他们的后代在传播文化时由于史料有所限制，了解的内容有限，对红色文化的理解流于表面，而对深刻内涵和社会价值不甚了解，影响了红色文化的传播、继承和发展。然而在新媒体技术的使用下，在创设情景的前提下，红色文化得到了进一步的发展。

在新媒体技术的推动下，在 VR 虚拟体验的支持下，人们对沂蒙红色文化的单向、个别、表面的理解逐步地转向深层次的感受，人们对沂蒙红色文化的历史背景、革命先烈的先进事迹、发展历程都有深入的体验与了解，这些生动形象的呈现方式与之前的口口相传、平面化的传播方式完全不同，所产生的效果也截然不同。虚拟体验的活动可以激发人们了解红色文化的积极性，以主人公的身份体验红色文化，

可以让人们在互动之中自觉地接受红色文化的洗礼。

二、基于社会化媒体的舆论场景传播

社会化媒体可以打破时间和空间的限制，利用互联网的多媒体技术可以把整个社会连接在一起，激发社会成员的参与感和互动，并为社会创造一定的价值。凯文·凯利在他的著作《失控：全人类最终的命运和格局》中提出的"互动式"媒体与社会化媒体有很多相似之处。在整个社会化媒体中，社会成员作为一个个体，可以在彼此交流的过程中形成新的"信号网络"，在这种情况下除了有主流媒体发出的官方话语外，还有社会成员之间的民间话语，而社会化媒体就是将两种表达方式巧妙地结合起来，并协调好两者之间的关系，这样可以加强官方与民间话语之间的交流，促进舆论的传播①。

沂蒙红色文化的传播和发展也主要依托官方传播和民间流传两种方式。其中官方传播主要从真实的历史事件和历史人物出发，借助再造和重构的叙事化体系，借助多媒体技术、报纸杂志、电视电影等进行官方传播，这样的方式是从宏观角度出发的。但官方的传播方式有自身的局限：模式固定、渗透力有限、内容传播较为生硬等。面对官方传播的困境，一大批互联网技术应运而生，不同的社交媒体层出不穷，可以兼顾视频和文本内容，可以充分调动民众在视觉、听觉等不同感官方面的感知，加强了官方信息与民间信息的交流与互动，从而激发民众了解红色文化的积极性和兴趣，进一步促进了红色文化的传播力度。据有关数据显示，微博、微信和短视频平台上都相应地设立了关于红色文化的专栏，如"红色微博"的设立，人们可以在平台上自由地发表言论，并进行互动、评价和讨论，为红色文化的传播提供了方便。

由此可见，互联网多媒体体技术的快速发展促进了沂蒙红色文化的

---

① 李凌凌. 社会化传播背景下舆论场的重构 [J]. 中州学刊，2016（09）：160–163.

传播和发展，有效地解决了红色文化在传播过程中面临的困境：内容刻板、模式单一、互动性较差、群众的认可度较低等。因此在新媒体技术的背景下，可以借助视觉媒体传播和舆论场景传播两种方式对沂蒙的红色文化创设情景，让人们在虚拟的场景之下感受历史场景，并使群众积极地参与到对红色文化的讨论、互动、评价和传播的过程中，这样可以通过多个场景的建设和互动，加大红色文化的传播力度。

第二节　全媒体背景下沂蒙文化的传播

相关调查数据表示，截止到 2021 年 12 月，我国拥有 10.32 亿网民，其中 99.7% 的网民通过手机上网，可见，手机是现在人们上网的主要工具。所以，想要更好地传播沂蒙红色文化，必须加强对移动端的重视和利用，充分发挥出新媒体创新、传统媒体转型的作用，利用全媒体宣传推广沂蒙红色文化。

一、构建多元传播主体，细化传播内容

（一）官方传播与民间传播的相互协调

因为传播主体和受众之间存在一定的差异，所以在受众需求的细化上以不同的分类标准作为依据是时代发展的必然需求，而且在全媒体迅速发展的时代背景下，信息并不能完全主宰受众，受众具备比较强烈的主动意识，为了实现自己的目的能够将传播方式的作用充分发挥出来。从这里可以看出，要同时重视官方传播和民间传播的力量，将这两者协调起来，从而实现信息共享。

1.官方传播

一般来说，各个地区的宣传部门、景区机构和政府机关是官方传播的主要力量，这些部门和机构传承红色文化的主要方式有——组织参观红色景区、聆听红色发展报告、邀请专业人员开设讲座和授课，率先对党员进行培训，将外地党员和沂蒙革命老区党员的带头作用充分利用起来，再以沂蒙红色文化研究院作为红色文化传播的重要支撑，推动红色文化的传播和发展。

（1）对内传播方面。从官方层面来说，可以充分调动大众传播红色文化积极性的方式是党政传播。只有带动大众传播红色文化的积极性，才能凝聚广大爱国志士的力量做大做强红色文化传播、红色基因传承的伟大事业。而党政传播要发挥政府部门领导干部的带头示范作用，因为他们在人民群众中的影响力较大，一言一行都会对普通人产生强大的影响。沂蒙文化传播和发展的根本出发点是百姓，官方外交的根本立场始终要聚焦于为人民服务，对人民群众信仰和价值观的塑造进行引导，将他们的革命热情充分调动起来。特别是飞速发展的互联网加快了对群众意见的反馈速度，政府部门的工作人员要向沂蒙红色文化革命时期的先辈积极学习，在广大人民群众中做好带头示范作用。

（2）对外传播方面。在沂蒙红色文化传播的过程中，官方媒体的优势非常明显，在正统性红色文化的基础上，纸媒详实记录并传承了战争时期的红色文化；电视广播的出现为文字印刷品的单一、枯燥感带来了改进和突破，在红色文化传播中增加了画面和声音，具有更强的观赏性；网页和手机端等传播渠道的出现，让信息传递更加便捷、迅速，随着信息化时代的发展，传播沂蒙红色的中坚力量转变成全媒体。需要注意的是，不论是以移动端和网页为代表的新媒体，还是以广播、纸媒、电视为代表的传统媒体，在传播过程中都要与沂蒙红色文化的区域性特点相结合，以形成不同的传播落脚点、实现全方位的传播。

2.民间传播

民间传播的受众群体是烈士后代、当地游客和村民，通过寻访红色革命事件、重要人物口述历史的方式，对革命事迹的详细历程进行记载，让后辈和其他非沂蒙地区的群众深入了解革命先烈为了革命胜利、建设社会主义的艰苦奋斗、奉献精神，主动学习革命先烈的精神，对他们的精神文化进行传承和发扬，贯彻落实、发扬传承沂蒙红色文化。

民间传播的主要方式有：一是有机融合红色精神和沂蒙文化。沂蒙文化广泛传播的主要方式是利用故事化形式详细记载革命史实，再让沂蒙地区的居民进行口口相传，有机融合各个地区的红色精神和沂蒙文化故事化的形式，将沂蒙红色文化的覆盖面、内容和内涵不断拓展。二是对革命先烈的经历进行推广。在红色文化传播的过程中，让为建设社会主义艰苦奋斗的战士或他们的后辈讲述革命故事，因为他们或他们的先人亲身经历了战火和那个艰苦的年代，再与国家的现代化发展相对比，不仅能增强红色文化的感染力，还能增强这些文化故事的实践性和说服力。三是发扬沂蒙红色旅游文化。沂蒙红色旅游景区主要由手工艺品、革命战争遗迹、文物纪念、红色故事等构成，要大力宣传中国共产党在革命时期敢于奉献、不怕牺牲的精神。同时，还可以通过短视频、红色歌曲、H5 动画、影视剧等形式让大众全面了解红色文化，让他们切身感受革命年代的艰难困苦，将革命先烈们敢于牺牲、不怕苦难、艰苦奋斗的精神凸显出来。此外，民间传播文化还可以利用自办红色旅社的方式，如对小型的红色展厅进行建设、展出各种小型出版物、组织考察红色研究会、对各种红色文化研究成果进行交流展示等，利用多样化的形式让受众深刻感受红色文化的内涵和意义。

人际传播是一种常用的传播方式，这种传播方式的实质是以自我表达为主，在传播过程中，人们最容易接受、最喜闻乐见的表达方式是书写语言和声音语言。通过不同传播者使用的不同表达方式，沂蒙红色文化包含了不同的意义和内涵，还能对语言进行补充、强调、控制和代替，让受传者产生不同的体验。

姿态、携带品、语言、服装、装饰品、文字、发型、表情等是自我表达的主要方式，对人际传播效果会产生直接影响。就外观形象这种表达方式来说，在沂蒙地区文化旅游区的餐厅和农家乐等场所中，服务人员都穿着红军以前行军时的绿色军服，可以给予人们一定的视觉冲击，也能将革命先烈的内在精神表现出来。

从本质上来说，沂蒙红色文化也是一种重要的大众文化之一，沂蒙人民的思想信仰、生活方式和价值观念随着近代新民主主义革命和战争的兴起发生了巨大的改变，这也是劳动人民物质创造和精神创造的成果之一。所以，民间传播和官方传播相同，它们的传播价值和传播效果一样重要，官方传播的叙述体系和表达方式以官方话语为主，从整体和全局对沂蒙文化传播的角度进行分析，拥有固定的模式和传播感染力。但是民间话语的影响力随着全媒体的盛行不断增强，民间红色民谣、红色故居及红色故事是民间传播的主要内容，民间传播还可以与微信、微博和直播等新媒体相结合，对沂蒙红色文化进行传播，拉近大众与沂蒙红色文化之间的距离，不断增强互动和评论，让大众通过全媒体学习红色文化，从而不断提高沂蒙红色文化的可接受性。

（二）不同类型受众群的差异化传播

1.青少年儿童：对价值观的培养

青少年儿童的心智尚未成熟，他们的价值观还处于培养阶段，尚未全面认识红色文化，对这个群体传播沂蒙红色文化要从最基础的做起，以故事化传播为主，通过培养青少年儿童的价值观，让他们深刻认识到红色文化的价值和重要性。

为了培养和加强青少年群体的爱国思想，要将红色文化的作用充分发挥出来，为了对更多青少年群体的价值观进行培养，政府或一些公益组织可以将红色图书捐赠给贫困山区的儿童，也可以利用课间广播和集体观影形式加深贫困山区儿童对红色文化的认识和理解，让生活在艰苦地区的他们充分认识到奋斗和拼搏的重要性；利用组织开展红色文化征文比赛、红色文化演讲比赛和沂蒙红色文化展会，以及组织青少年儿童参观烈士陵园和纪念馆等方式，让生活在优渥环境中的青少年对沂蒙红色文化进行直接接触和全面了解，也可以利用虚拟现实技术让红色革命的场景再次呈现在青少年儿童的眼前，给予他们视觉、听觉和触觉冲击，让他们学习沂蒙革命精神和革命先烈的精神，在生活中养成艰苦朴素的良好习惯。

2. 大学生群体：进行深层次传播

大学生拥有较高的认识水平和知识储备量，精神世界形成了一定的价值体系，与其他年龄阶段的受众相比，拥有更高的学习能力和理解能力。所以，可以通过多样化的形式对大学生群体传播红色文化，可以与校园的特色相融合，在传播沂蒙红色文化方面形成更有创意的方式。近年来，临沂大学开展的红色育人工程取得了一定成效，并成为了山东许多高校开发校本课程时学习效仿的典型。

（1）构建载体。国内的高校可以在校内建设红色文化馆，并以校内网站作为传播沂蒙红色文化的重要载体，开辟文化专栏，也可以和学校的相关专业相结合，构建红色影视教育基地。同时，具备丰富资源的高校可以将沂蒙演出团邀请到学校进行演出，对包括《沂蒙畅想》《沂蒙山水》等在内的歌舞剧进行表演，也可以与沂蒙地区的旅游景点和文化产业园加强沟通与合作，建设教育基地，让这些教育基地成为大学生学习、传播和继承沂蒙红色文化的重要渠道。

（2）创新活动。每一个大学生都必须经历新生军训的活动，高校可以对以往的军训形式进行改变，实现国防教育和军事演练相结合的形式，围绕红色文化的主题组织开展运动会、竞赛，对沂蒙红色文化元素进行传承和发展。比如，临沂大学为了传播沂蒙红色文化，开展了"红军过草地、攻上孟良崮、艰苦长征路"的传播活动，对以往的传播模式进行创新。

（3）精神培育。通过校园的建筑、电子屏和广场展现红色文化的精髓，再利用跨屏互动、声音和影像等多样化的方式激发出学生的兴趣、提高学生的吸引力，如此一来，不仅可以让校园文化、内涵和精神面貌更加丰富，也能通过潜在的熏陶对大学生的道德认知产生一定的积极影响。

3. 成年人群体：注重领悟与传承

在传播红色文化的过程中，成年人的作用非常重要，可以通过加强自身对沂蒙红色文化的认识和理解，再将这些理解向年轻一代进行传递。可以这样说，红色文化的传播效果取决于成年人的价值观和了解红色文化的程度。所以，要选择科学合理的方式对成年人传播红色文化，新闻频道和社区公益及电视剧都是成年人更容易接受和喜欢的传播方式。临沂地区的中小学校可以通过开展亲子活动和家长会的形式，有意识地对红色文化进行学习和传承，让家长加强对红色文化的学习和认识，通过自己的身体力行对红色文化进行传播。

对于从小在临沂地区长大的沂蒙人民来说，要增强他们传播沂蒙文化的自主意识，他们要主动将沂蒙红色文化的内涵传递给外界，通过微博和微信等新型社交媒体积极转发与沂蒙红色文化相关的文章，在小范围内迅速扩散信息。根据社会穿透理论，在人们的交际过程中，一个人透露的信息越多，越容易被其他人信任，彼此之间的关系也更加紧密。成年群体的交际圈拥有更强的稳重性，他们所传播和转发的信息也更容易受到其他人的信任，从而增强信息传播的有效性和黏性。

4. 中老年群体：回忆革命情怀

对于中老年群体来说，有一部分人经历了艰苦的革命岁月或建设社会主义的初期阶段，他们更能深刻理解和感受沂蒙红色文化，所以可以充分发挥中老年群体的力量传播沂蒙红色文化精神和内涵。比如，组织开展红色文化座谈会，邀请经历了革命战争时期的中老年人讲述自己的革命小故事或以前的艰苦经历，这种叙事型的回忆更能感染倾听者。

除此之外，沂蒙景区拥有较好的发展态势和旅游价值，当地旅游部门可以针对老年群体推出夕阳游的旅游团活动，按照年龄给予一定的旅游优惠，并利用旅游优惠吸引周边地区的中老年人到景区进行参观，搭建起沟通交流的平台，让沂蒙当地的老年人和旅游团的老年人之间进行交流，普及和宣传红色文化，让旅游团的老年人加强对沂蒙红色文化的了解和认识。还要了解老年人对体验沂蒙文化的相关意见，如此才能改进传播形式，更好地传播沂蒙红色文化。

二、继续拓宽传播渠道，注重务实创新

沂蒙是被红色文化氛围所笼罩的地区，具有很强的红色基因，有利于红色资源的开发。当地以弘扬红色精神的宣传教育为依托，重点开展红色旅游、红色饮食和红色文化产业，并取得了良好的成绩。在这种情况下，要持续发力，不断开拓红色文化新的传承途径，助力红色文化传播，重点在传播形式、传播载体、传播内容上进行创新。

（一）构建旅游文化品牌传播链

要想通过旅游这种形式来传播沂蒙地区的红色文化，就要建立起以传播为主要发展核心、经济发展为辅助作用的理念。当前，旅游业已经成为沂蒙地区红色文化传播的突破口，随着新媒体技术的革新，旅游文化的影响，文化传播已经成为战略制高点，有利于协调当地经济发展和文化发展，打通各个行业的运转边界。要重点宣传沂蒙地区的红色文化，当地经济发展辅助红色文化发展，形成具有文化宣传作用的旅游产业，可以提高沂蒙地区红色文化的传播广度和深度。

明显的地域性是沂蒙红色文化的最大特点，经过不断发展和沉淀，沂蒙形成了多个重点旅游区。沂蒙地区的红色文化还没有传播到外界，无法让外界民众深入了解，非沂蒙地区的旅游者对沂蒙地区的文化充满了好奇与新鲜感。沂蒙地区要抓住这个发展机遇，紧密团结各个景区，打造沂蒙地区旅游圈，吸引外界游客进入景区游玩，从而充分传播沂蒙红色文化。接下来，我们将以沂蒙山小调博物馆、孟良崮战役旅游区和沂蒙红色影视基地为例，对沂蒙地区的红色文化进行研究。

1. 以体验为主的沂蒙山小调博物馆

《沂蒙山小调》已经超越了歌曲的境界，成为沂蒙地区文化的象征。2016年，首届"唱出来的沂蒙山"小调音乐节成功举办并成为每年的重点项目。音乐节将《沂蒙山小调》传播到全国各地，博物馆的建立更是对红色文化的一种强大宣传，也吸引了全国各地的游客到沂蒙地

区旅游。

沂蒙山小调博物馆有三个场馆：沂蒙物产馆、沂蒙声音馆和沂蒙风俗馆。沂蒙物产馆主要以实景、互动形式来传播沂蒙的形象，让游客在体验中感受沂蒙文化；沂蒙声音馆主要以方言、语音、听声音、听墙根等形式，通过动静结合的方式来传播沂蒙好声音；沂蒙风俗馆主要通过微景观、实景演出等形式来演绎沂蒙地区的重大节日、婚嫁习俗等，以此传播沂蒙文化。现在，沂蒙山小调博物馆采用的是全媒体360度无死角传播，采用电子屏结合实物展览的形式为游客呈现良好的视听效果，有利于游客全面了解沂蒙地区的各种文化，充分发挥传播的价值。另外，开通的"沂蒙山沂蒙景区"微博号，是沂蒙山风景区唯一的官方微博账号，通过每天更新一条微博来让游客了解景区，并与粉丝进行互动，通过礼品、优惠等形式来鼓励粉丝进行转载和传播，有利于景区知名度的打造。

2. 以教育为主的孟良崮战役旅游区

沂蒙地区红色传承的重要形式就是孟良崮景区，这是孟良崮战役为后世留下的宝贵历史材料，体现了当时沂蒙人民勇于奉献的牺牲精神，是沂蒙地区红色文化的结晶。近几年，随着沂蒙地区红色旅游的开展，当地打出了"红色沂蒙"的旅游口号，开始打造全国重点红色旅游景区。通过短视频、微信、微博等吸引了来自全球的游客到沂蒙地区参观游览。

但是，景区的发展也存在重大问题，如只是利用传统的"一张照片一块牌子""静态展览"的形式来呈现，无法满足现代游客的需求。因此，应该加强体验式的项目，让游客通过身临其境的感受来探索沂蒙地区的红色文化和精神。景区要以打造专业园区、主题公园的方向为目标，开展景区转型工作。可以通过"大旅游区"的思维来进行沂蒙地区旅游产业的转型和升级，重点打造具有战役实景设备训练、战斗实景体验、战争纪念意义的景区，从景点方面来加强沂蒙红色文化的传播力度。另外，规划整个红色旅游景区的时候，要重点考虑游客吃住行的便利性，并将红色精神融入游客的生活中，例如，旅行社可以按照红色精神的风格来建造，餐厅可以布置成战时的风格等。

3. 以旅游为主的沂蒙红色影视基地

建造在山东省临沂市沂南县的沂蒙红色影视基地是一个集旅游功能、教育意义、影视欣赏、饮食娱乐于一体的旅游景区，红嫂故里是景区中的一个景点。许多影视、电视剧、节目等都来过沂蒙红色影视基地取景和拍摄，但是和横店影视城相比，它还不具备综合性的功能，也没能通过红色文化来吸引大众持续到此游览。有的综艺节目组就曾来过当地录制一期节目，主打的是文安驿古镇文化园，对当地的特色饮食、旅游住宿、写生基地等做了大量的报道和传播，这期节目的传播效果比沂蒙红色影视基地的传播效果好很多，这充分表明，沂蒙红色影视基地要在传播方式和传播规模上进行改进。

游客对沂蒙革命老区的文化还未形成印象，从外地来的游客并不能深切感受到沂蒙红色精神，沂蒙群众也没有主动传播，这就要求影视基地要通过其他方式来对沂蒙革命老区的文化进行宣传，可以考虑通过引进综艺节目组到当地取景拍摄，借力打力，从而达到传播最大化。

在沂蒙红色影视基地已经建设好的写生基地，可以联合美术类院校开展写生合作，并通过微博、微信等线上渠道进行营销和宣传。例如，可以借助山东电视台、临沂日报、齐鲁晚报、济南日报等来自省市的媒体进行宣传，将沂蒙红色影视基地的情况进行宣传，从而吸引更多节目组、制片人等到当地取景。还可以邀请高校负责人、制片人等赴影视基地考察，并通过新媒体来进行宣传。

沂蒙地区复杂的地形增加了游客到访的难度，景区可以通过定制开放式交通路线来吸引自驾游的游客，从而为游客提供更好的服务。此外，还可以在景区中设置移动支付设备，游客可以通过线上进行门票预订、房间预订等，还可以通过分享等来加强自媒体对景区的宣传。例如，利用微博、微信等渠道引导粉丝进行分享。

（二）跨平台宣传推广红色饮食文化

不同社会阶层所产生的人际交往和信息传播的活动就是跨文化传播，这个过程也是不同文化在全世界进行变革、扩散和转移的过程。

不同的国家、文化和人群都会对此产生影响。在跨文化传播时，可以通过认知、言语、非言语三种形式进行。"沂蒙红色影视杯美食烹饪大赛"的举办，将沂蒙红色文化融入当地美食中，是一个成功的案例。但是这个活动并没有吸引到山东省外的参赛选手，160名选手都是山东省内人员，因此这个活动有待进一步的策划和努力。中国自古有"民以食为天"的说法，通过美食大赛，沂蒙红色饮食的品牌已经打出去了，加上沂蒙红色影视对"红嫂文化"的宣传，也有助于红色饮食的发展。不可否认，旅游景区的餐饮是游客最直接、接触最多的一种文化。景区还通过微信、微博、电视等渠道来宣传沂蒙饮食文化。跨文化传播的作用有助于帮助沂蒙红色文化获得高的关注度，将这种文化传递给不同背景、不同文化、不同民族的人群，是对沂蒙红色文化传播的一种有效手段。在这个过程中，沂蒙红色文化也受到了外来文化的影响，可以吸收不同文化的精华融入沂蒙特色中进行传播。

沂蒙红色饮食的核心就是"沂蒙红色影视杯美食烹饪大赛"。参与者和观众通过饮食文化拉进彼此的距离，满足了观众的期待感，但是在个人体验和个性需求满足方面还有待提高。沂蒙红色饮食多元传播的渠道得力于全媒体的鼎力支持，不管在传统节目中，还是在线上活动中，都进行了软性宣传，深入传递了红色文化信息。

1. "餐饮O2O"模式带动文化发展

"O2O"是指Online To Offline，是一种通过网络为载体来实现交易的方式。在全媒体时代，餐饮O2O对餐饮业的发展起到了很大的促进作用，加上现在人们已经对移动支付产生了依赖，通过二维码付款已经成为主流。所以，对沂蒙红色美食大赛的传播可以利用微博、微信公众号、网站、纸媒等渠道进行宣传，比赛结束后的传播主要以线上渠道开展，通过微博、朋友圈的点赞、转发、评论功能来进行互动，调动线上观众的参与积极性，同时引导观众进行自主传播。

现在，通过线上取号、等位、支付、点评等已经是司空见惯的操作，随着网络的发展，消费者的消费模式也趋于智能化，传播沂蒙红色饮食文化的时候，可以通过线上点餐、餐盒包装等形式来开展。因为临沂市在外卖的竞争中已经很激烈，所以生活在这个地区的人，通过线上订餐的模式还有待开发。已经开通外卖的店家在饮食包装上可以进行信息传递，除了对消费者具有传播文化的作用外，随着包装袋的处理过程，能够继续进行二次传播、三次传播。政府和旅游局等部门还可以开展餐饮包装设计大赛，通过赞助的形式来为商家提供相关的材料，并将当地文化、特色、品牌形象等印制在包装上，打造城市品牌，让使用者能够加深对沂蒙红色文化的了解和体验。

O2O的一个重大优势就是可以通过电子菜单和在线预订功能，践行节约用纸，同时消费者的菜单体验感也没有受到影响。消费者可以通过微信扫码、小程序预订等进行菜单选择，无需额外安装其他APP。当地管理部门对这种接近零成本的点餐模式要进行倡导和支持，在饮食中融入当地文化，可以利用微信扁平化的模式来拓宽传统的传播方式，通过饮食文化来向群众传递红色文化。此外，通过在线订餐能够为商家积累订单提供数据，优化商家的库存管理，实现双赢。

2. 积极寻找宣传契机——以"舌尖上的中国"为例

《舌尖上的中国2》在央视热播以来，让人们对一个16户、54口人的小山村产生了浓厚的兴趣，这个小山村就是蒙阴县垛庄镇椿树沟村。该山村之前一直默默无闻，鲜有人知道，《舌尖上的中国2》播放以后，为当地的旅游业发展带来了巨大的转机，为当地发展带来了生机，并将沂蒙煎饼推向了中国甚至全世界。观众在观看美食镜像的同时，也开始对沂蒙独特的文化传统、道德品质和精神信仰产生了浓厚的兴趣，饮食在人们的生活中是不可或缺的，同时也是人们情感和审美的寄托。《舌尖上的中国2》通过对沂蒙山区的日常饮食进行记录，让饮食具备了"仪式感"，将平民大众朴素、智慧的饮食习惯予以了展现，让人们感受到了中华饮食文化的精髓，这也是一种社会价值观的体现和延伸。

此外，《舌尖上的中国2》还通过自己的角度来展现了沂蒙煎饼的发展历史和制作工艺，从而有效推动了沂蒙煎饼的宣传和传承，同时也让更多的人了解和关注沂蒙的红色饮食文化。通过饮食加强了交流和互动，让人们产生了共同的信仰，同时也将饮食文化中蕴含的社会价值观进行了强化，为饮食赋予了一些情感色彩，促进了人文关怀的传承和发扬。

当地村民应该积极抓住这一发展契机，促进当地旅游业的发展，并加强沂蒙红色文化的传承和发扬。镇政府也要借助央视节目这一股东风，积极发展当地产业，引进外商，做好商标保护工作，吸引更多的游客，发展当地的旅游业。

（三）有效实现多平台红色文化教育

1. 开展室内外红色文化体验

（1）行军训练　　彰显凝聚力。

通过开放式行军体验活动，能够让人们受到红色革命精神潜移默化的影响。像北京延庆区提出的徒步行军和行军餐等体验活动，就被大家所喜爱和追捧，行军不仅能让人们得到放松，也可以让人们参观沿路的红色遗迹和红色文化，还通过集体合唱等方式，促进了红色文化凝聚力的形成。沂蒙山区也可以借助这一成功案例，通过合理规划行军路线，将当地的饮食文化和红色精神都渗入其中，将当地特色的窝窝头、咸菜和煎饼等用瓷缸碗盛放。让人们能够亲身感受战争时期的艰难和困苦，从而将这种实践化的体验感作为高效传播的一种途径。

在游客进行行军体验过程中，还可以安排当地导游将红色文化融合到特定景点进行讲解，让游客对沂蒙红色文化的传承有较为清晰的了解，这也不失为一种较好的文化传播方法。

（2）设施建设——保障统一性。

临沂市蒙阴县的岱崮地貌景区内于 2015 年建立了实弹射击场所并对外开放，和拓展训练融合起来，获得了很多体验者的青睐。实弹射击中心包括两个部分：一是室外部分；二是室内部分，里面开设了进口小口径步枪射击、气步枪打靶、进口猎枪飞碟打靶、真人 CS 及彩弹射击等多个项目，有效地传播和传扬了沂蒙红色文化。当然，沂蒙各景区之间也要注重一体化发展。在《全国红色旅游经典景区三期总体规划建设方案》中就明确指出：全国红色旅游经典景区需要加强建设景区内的步行道、公路、厕所、消防安防设施、展陈场馆和基础设施，并注重环境保护。这一规定也有效保障了沂蒙红色旅游的发展，有利于景区内的统一规划和统一建设，并对革命历史遗迹进行了保护，为吸引游客提供了动力。

2. 积极打造校内外教育平台

（1）注重"行为互动"。

临沂市中小学也积极引导青少年参与到红色足迹探访活动中，对周边的革命家英雄事迹进行了解，以此对青少年形成激励作用，帮助他们形成正确的三观，并能够对红色文化的魅力予以感悟，自主传扬红色文化。口头传播对于沂蒙地区的老一辈革命家来说具有较好的传播效用，相比于全媒体传播具有更易接受的优势。

当然在中小学的学习和生活中也要融合"行为互动"。教师应该对活动的精彩瞬间进行记录，并利用微博、自媒体、直播和微信公众号等对正能量进行传播，通过多种形式加大宣传范围；此外，还可以定期组织线上知识抢答、竞赛等各种活动，激发中小学生自觉学习和传扬沂蒙红色文化；并强化推行公益政策的力度等。公益活动可以让学生更好地体验沂蒙红色文化。活动方式可以分为两种：一是线上，通过微博、贴吧、QQ空间或微信等平台来加强红色文化的传播；二是线下，即通过宣传册的发放、签名的筹集、宣讲会的开展等方式来进行。还可以将红色旅游收益中的一部分用来帮助贫困学子，让其顺利完成学业，这也是沂蒙红色文化积极意义和正能量的一种有效传播方式。

（2）自学与实践同步。

随着全媒体的不断发展，可以积极引导大学生发掘自己的优势，努力寻求适合自己的学习方式，并加强实践锻炼等。为此，很多高校也组建了各种采风团队并获得了沂蒙各个景区的赞助，这对沂蒙红色文化的传扬也有一定的意义。

当然只有专业教师正确的引导，才能真正发挥红色文化的教育意义，通过实践，才能提升学生的能力。所以"基地训练"等方式也促进了学生对当地风俗习惯的了解，使其产生一种情感上的升华。

诸多实践表明，传统授课方式具有更好的授课效果，也是最适合中国学生的，为此教育部门也要重视教师的作用，将红色文化价值观渗透到思想政治课、班会活动、通识课堂中，让学生能够更好地认识和传扬红色文化。除此以外，也不能忽视网络授课对红色文化的传扬作用，它能有效地激发了学生自主学习的积极性。

随着互联网时代的到来，很多青少年并没有深入地了解红色文化，而且由于日常也接触不到红色文化，造成了其直观体验的缺乏。为此，中小学和高校应该积极组织学生参与到红色文化宣传中去，利用学校广播、校园网的优势，让学生深入了解红色文化的形成和发展；同时还可以发动学生和教师参与到各种革命纪念展馆的参观、写生实习中。临沂市还可以以沂蒙红色文化为主题开展红色文化征文活动、摄影活动、微电影拍摄等，从而有效地传播红色文化。

（3）线上、线下团建。

红色文化教育不能只在青少年中进行，每个年龄段的人群都应该了解和认识红色文化。为此，企事业单位要加强相关主题团建活动的组织和开展，吸引职工参与到行军拉练、抗战实景剧的参演等项目中，从而为红色文化教育的全面普及提供动力。

现在，沂蒙红色景区还未重视红色团建活动，这一点可以借鉴井冈山革命根据地的经验。井冈山进行了四天三晚红色主题的团建活动，既配合了参与者的时间和精力要求，也有效传播了当地的红色文化。这一成功经验也值得临沂市学习和借鉴，从而为沂蒙文化的传承和发扬提供必要的保障。

（四）输出红色文化创意衍生品

1. "互联网＋新兴载体"的输出

（1）利用"沉浸式体验"

随着信息化技术的日新月异，沂蒙革命老区的旅游景点也可以充分发挥新型信息化技术的作用，比如，对贵州省的 VR 旅游模式进行学习和借鉴，增强游客旅游时的体验感和交互感；可以将 VR 设备设置在各个展馆中，也可以在沂蒙景区内的景点中安装 VR 设备，在 VR 设备和技术的基础上赋予游客沉浸式体验，使游客感受和体会红色文化的魅力和趣味性，改变他们对传统红色文化的印象，增强红色文化的娱乐性和文化性。VR 体验增强了展览的形象思维性和生动形象性，还能与不同时期的历史故事相结合，以虚拟现实技术作为支撑的红色文化将改变人们对红色文化的认识，甚至成为青年群体感兴趣的主流文化。

（2）举办动漫产品展会

2011 年，上海举办世博会的时候就利用多样化的手段对展览品进行制造和设计，如装置艺术、漫画、动画和手工制作等形式，带领游客对中国共产党艰苦奋斗的辉煌历史进行回顾和体验。沂蒙地区也可以对这种形式进行学习和借鉴，对红色资源的价值进行把握和挖掘，在沂蒙红色文化中选取具有典型代表的形象制作成动漫形象，在展会中重磅推出，再开发和设计与该形象相关的其他衍生产品。并且要围绕该形象制作动漫宣传电影，在临沂本地和周边省市的户外电子大屏上进行播放，特别是火车线路停靠点和高速公路的宣传大屏上进行轮播，对沂蒙红色文化大力进行宣传；打造文化品牌。沂蒙小调博物馆也可以将自身的资源和价值充分发挥出来，在传媒体的基础上积极寻求和红色动漫企业的合作，围绕红色革命根据地等关键词语，打造红色动漫小镇。与此同时，政府也要对传播模式进行创新，在资金上给予重要扶持和帮助，制定一些惠好政策吸引更多有影响力的展会到沂蒙景区举办。

（3）设计"表情包"社交

表情包是全媒体时代的重要传播形式之一，其趣味性和娱乐性能将传播文化的固有渠道和方式打破，拥有更加广泛的传播范围，能大力吸引人们的注意力和兴趣。以微信来说，在微信表情包中搜索沂蒙红色文化和沂蒙并没有出现相关内容，但是与红色、红色文化和红军相关的表情包有七项，这些表情包分别是红色年代的魅力、成功小红军、延小安方言篇、红色魅力贰、红色印记、小红军、长征路上小红军等。来自惠州、古田和延安的红色文化都包含其中。

当下，人们之间的网络交流一定会使用到表情包，将沂蒙红色文化融入表情包中，也能对非沂蒙地区的受众产生一定的吸引力，就算很多受众在之前对沂蒙红色文化不了解，但是通过有趣的表情包可以激发出他们对沂蒙红色文化的了解欲望，从而实现传播沂蒙红色文化的目的。红色文化的传播并不一定要从宏观角度出发，一些细小的角度更能吸引人们的关注，在网络上爆火的红军表情包便是一个成功的案例，它也打造出一种传播红色文化的新型途径。微信和微博拥有广泛的受众群体，这种广泛性延伸和拓展了表情包的传播范围和传播速度，可以说在互联网社交媒体中表情包已经成为一种新型语言体系，在人们的对话和交流中甚至能够代替文字的作用，将红色文化融入表情包中，能打破文化小范围传播的局限性。但是从现在来看，网络表情包的边缘性不断增强，对主流价值观的发展产生不利影响，青少年们都喜欢运用夸张和暗讽的表情包。这也要求务必按照正规渠道对沂蒙红色文化表情包进行设计，通过赞赏机制的建立和完善，加强与微信表情艺术家之间的合作和沟通，比如红色文化表情包"长征路上小红军"便备受大家欢迎和喜爱，在人际沟通中发挥重要作用。

2.建设红色文化书屋

我国从 2009 年开始就非常重视建设红色旅游书屋。可以说，对红色文化精神创新传播、对红色旅游进行宣传的有效渠道之一便是红色旅游书屋，红色旅游书屋创新融合了红色文化元素和旅游元素。目前临沂市建设红色旅游书屋的工作卓有成效，许多当地群众和外地的游客都通过建设在山东沂蒙红色影视拍摄基地景区的红色书屋对沂蒙红色文化进行全面了解。

红色文化书屋在沂蒙地区的各个街道也已经建设完成，通过这个红色文化书屋，当地各个街道向本地群众或外地游客赠阅红色图书资料，帮助他们了解更多的红色文化，推动自身红色文化修养的提高，同时也能让景区的服务质量和水平不断提高。除此之外，沂蒙地区还可以在火车站、公交车站、汽车站和各个景区建设红色文化书屋，将包含了党建文化和红色文化在内的书籍放在书屋中，还可以让大家通过预约功能借阅一些书屋里并没有存放的、与红色文化相关的报纸杂志，让广大人民群众对党在革命时期的红色精神、党在建设社会主义过程中的方针政策形成系统学习和深入了解。需要注意的是，沂蒙地区还要加强对红色文化书屋的管理，对管理书屋的领导和工作人员严格挑选，对文化书屋的值班交替制度和借阅登记制度进行建立和完善，充分发挥微信公众号的作用，让人民群众在网上便能够反馈相关意见、登记借阅相关书籍。

通过建设红色书屋，能让人们对红色文化的重视程度不断增强，长时间之后，大家在红色文化传播方面都会形成自觉主动的良好风尚，而且非沂蒙地区的广大群众能通过出差和旅游的机会亲身到沂蒙地区对当地浓厚的红色文化环境进行感受和体验。除此之外，沂蒙地区可以加强对农家红色书屋的建设力度，让这些书屋发挥出农村文化阵地的作用，特别是要在一些具有红色历史的村落建设红色书屋，完善相关的阅读设备，让本地村民和外地游客都能通过这些公共服务增强对红色文化的了解，提高群众的红色人文素养，这种方式有利于中老年人文化水准的提升。

3. "互联网＋影视歌剧"的输出

随着电视剧《沂蒙》的火热播出，很多人开始关注沂蒙地区和当地的旅游景区，很多以红色题材为主的影视剧纷纷到沂蒙地区进行取景拍摄，有些优秀的影视剧作品都取景于沂蒙地区，如电视剧《红高粱》《永不磨灭的番号》等。这也使得以《斗牛》《铁道飞虎》《红日》《沂蒙六姐妹》等带有沂蒙文化特色的影响作品备受关注和欢迎。

这些备受欢迎的沂蒙文化影视剧作品，将具有多元化形态的红色文化展现出来，同时也体现出一部优秀的影视作品必须具备优秀的剧本和取景地。人们的主动意向和意识决定了人们观看哪部影视剧作品、喜欢哪部影视剧作品。从使用与满足理论的相关观点来看，人际关系、环境监测和心绪转换以及自我确认是人们对电视节目接触时产生的四种基本心理。人们通过观看电视节目可以解放压力、舒缓情绪，或者对节目进行讨论能够让彼此的关系更融洽、和谐，现实关系或拟态进一步强化。同时，人们通过对电视节目进行观看能够达到自我反省、对周围环境的改变进行感知的目的，从而让受众对节目的兴趣充分激发出来。以沂蒙地区为题材的许多影视剧作品还处于埋没状态，主要是因为这些作品没能让受众特定需求得到满足，再加上社会条件和环境等因素的影响和约束，这些影视剧作品对沂蒙红色文化传播的效果不断弱化。

临沂市政府和相关媒体也要对当地的文化资源进行深入挖掘和利用，将舞台作品、电视作品和大荧幕作品与历史文化、红色文化相融合，对集声乐舞于一体的作品进行制作。临沂电视台也可以围绕红色文化元素对红色文化栏目进行制作，利用本地的原始素材和影视剧作的编排形式，打造出更具故事性和娱乐性的作品。比如，2017年，在大荧幕上播放的作品《芳华》，其中的配乐《沂蒙颂》便蕴含了沂蒙红色文化精髓，奠定了整部影片的情感基调。

在传媒体平台的作用下，如今在呈现红色经典方面拥有多元化的形式，但是从叙事和角色，以及作品改编的角度来说，受众更希望作品在人物形象描述上可以多样化，统一的形象已经无法满足受众的观赏需求。所以，通过单一化的方式描写英雄人物是传媒传播要避免的问题，为了提高红色经典改编作品的受众效果，可以充分利用包括微电影、微博和短视频等受众喜欢的传播方式传播作品，简洁明了地呈现出复杂的历史文化，将观众的兴趣充分激发出来，再与电视台和纸媒等传统媒体相结合，利用文字表述的方式让大众对红色文化内涵的理解不断加深这才是全媒体时代大众接受信息的正确顺序，不仅有利于红色文化传播，还能让大众积极主动解读红色经典文化。

三、创建良好传播环境，变"传播"为"传通"

互联网在营造传播环境的过程中，必须将文化领域打通，构建授权者反馈意见平台，在传播沂蒙红色文化方面融合发展新兴媒介和传统媒介，让这两者取长补短，共同传播、继承和发扬我国的主流价值观念和文化。

（一）加强传播平台的管理

网络红色文化是开展全媒体弘扬沂蒙红色文化工作的重中之重，需要帮助人们树立正确利用全媒体传播红色文化的观念，打造微信、短视频平台和微博等新媒体，将互联网平台的传播优势充分发挥出来，还要对各种传播渠道的规范性进行严格把控。

1. 严格过滤直播、短视频软件内容

在所有跨类型传播软件中比重占据最大的是直播软件，随着直播软件的用户数量不断增加，它们也具备更多流量，信息流广告在以抖音为主的直播软件进行投放是市场趋势，但在传播过程中更要加强规范化管理，对正确的三观、正能量的事件现象、积极健康的思想心态进行广泛传播，对不利于红色文化宣传、娱乐化革命英雄、毫无下限的流量营销等内容禁止传播，所以，任何传播平台都要严格监管，秉持端正、认真和规范的态度，特别是在直播带来巨大流量的时代，更要对传播的信息进行严格把关和审核。

当然，网络直播的备受欢迎提升了网民群众了解红色文化的主动性和意愿，而且，拓宽了红色文化的受众群体，几乎每个年龄段都存在喜欢红色文化的部分群体，利用网络直播的形式传播红色文化，既与青少年利用互联网平台获取信息的习惯保持一致，又能带动中老年群体适应和学会运用全媒体，将他们在革命年代的建设热情重新唤醒。沂蒙红色文化尚未通过网络直播进行传播，在宣传内容和直播平台的建设、运用方面存在很大不足。因此，临沂地区的旅游部门可以充分利用网络直播的方式，让景区导游作为主播，在直播中呈现出景区的各个景点和其中包含的历史文化，将受众对景区的兴趣激发出来，利用这种新型的平台和方式对沂蒙红色文化进行传播。需要注意的是，在直播平台中传播正能量非常重要，网络监管部门必须加大监管力度，对直播的内容、受众反馈的信息、直播来源和直播渠道进行严格审查和把关，在严格遵守传播规则和规律的情况下对传播手段进行创新，

充分发挥大数据和全媒体等信息化技术、手段的作用，在过程监督和预警以及信息筛选方面建立起完善的机制，将更多的红色文化讯息传递给大众，对网络舆论进行正确的引导。

2. 对"两微一端"的精准把关

在微博上搜索关键词"沂蒙"，搜索结果大多数是沂蒙文化。2018年10月2日，人民日报在微博发布的关于山东临沂鲁南技师学院的内容喜提热搜，这条微博中来自山东临沂鲁南技师学院的学生在校园餐厅内通过快闪的方式合唱表演《我爱你中国》，一直到10月7日，这条微博获得6000多条评论、1万多次转发、6万多个赞，引发出大量网民的爱国情怀。除此之外，2018年国庆期间临沂兰山法院微信公众号推送了一篇题目为"沂蒙法官唱响红色旋律，为祖国69周年华诞庆生"的文章，集图片、文字、视频于一体，受到很多公众号的转发。

从这里可以看出，将视频、文字、音频和图片等多样化的形式结合起来传播沂蒙红色文化，才能增强文化的立体感和形象化，进而拉近与民生之间的距离，对红色革命年代的历史进行真实和准确的描述，对网民积极利用现代化传播手段发扬红色精神的行为积极鼓励，要与时俱进，与党的政治理念保持一致，让人民群众认可沂蒙红色文化的程度不断加深。沂蒙红色文化要想将微信和微博等新媒体的潜在用户充分挖掘出来，必须不断提升传播信息的精准度、效率和速度，认真维护后台粉丝，增强粉丝的黏性，对以往使用的灌输式和说教式的传播模式进行突破和改变，在平台的设计中融入更多的创新思维，保持合理的频率更新平台，防止过度更新导致受众产生排斥和反感心理，同时通过优惠转发、推荐景区等活动将受众的主动性和积极性充分激发出来，让沂蒙红色文化的属性更加丰富和多样。虽然说如今全媒体已经成为人们获取信息的主要方式，但是对于同一事件，不同的传播平台会给出不同的标签，受众在框架效应的作用和影响下，心理上对期望出现的真实具备更强的倾向性和认可度，传统媒体的舆论引导作用不断降低，这就是多元化传播平台发展的必然趋势之一。所以，要充分发挥出网络渠道的作用，将红色文化背景知识向受众传播，为受众组织开展媒介素养教育活动，还要围绕信息互动平台建立和健全预警机制，让有特长的网民在以沂蒙红色文化为主题的活动中积极参与，尽量通过微平台解决沂蒙红色文化传播中遇到的难题。政府及宣传人员要扮演好把关人的角色，认真行使好审核和监督权力，在传播平台上营造出健康、积极、良好的氛围。

（二）拓宽传播反馈通道

全媒体传播与传统媒体传播相比，后者主要以线性传播模式为主，前者具有更高的反馈度和更强的互动性，有利于缩小政府宣传人员和普通人民群众的距离，更贴近民生。但是在全媒体传播中需要注意的是，并不是所有传播反馈渠道都是有效的，受众要对合法、合时宜的信息传播渠道进行合理选择，如优先选择那些拥有迅速人工服务和较高更新频率的传播平台，这便对临沂市政府的官民反馈通道搭建工作提出了更高的要求，要求他们建立和完善受众参与机制进行，积极使用通俗的语言，给予受众合法的网络言论自由权。

全媒体时代的显著特征是媒介融合，要想提高沂蒙红色文化的传播效果，不仅要对多样化的渠道进行构建，在这些渠道中充分发挥出全媒体的主导作用、人际传播的辅助作用，还要让受众在沂蒙红色文化信息接收方面提出的需求得到满足。在中小学和高校教育的过程中要融入红色文化，从而增强沂蒙红色文化传播的能动性和影响力，让沂蒙文化传播的广度和深度不断扩展，促使沂蒙红色文化向着更高水平发展。

（三）积极引进专业人才

为了对专业人才进行引进，有效的方式有两种——聘用外来人员和培养本地人员。外来人员的专业素养和技术能力更加优秀，本地人员更加了解和熟悉沂蒙红色文化，但缺乏一定的专业性。一般来说，受众在沂蒙红色文化信息的传播方面，对沂蒙本地居民的接受性和认可性更高，本地居民传播红色文化的形式和内容更贴近生活和民生，但是在要求具备专业素养的操作和运营新媒体中，本地居民的能力和优势远远低于拥有专业教育背景的人。继承者和发扬者是传播和发展沂蒙红色文化的中坚力量，这也要求沂蒙红色景区、临沂政府宣传员在全媒体时代下务必坚持党的方针政策对专业人才进行筛选，打造出一支对中国共产党非常热爱和坚定拥护的传播队伍，将工作人员对沂蒙红色文化的热情和积极性充分激发出来。同时，还要对擅长运营媒体、网络开发、采编、后台维护的人员进行引进，不断细化的工作有利于文化传播专业性的增强，工作人员深厚的文字功底和敏感的政治意识都有利于提升红色文化的传播效果。

总体来说，传播沂蒙红色文化的人始终要坚持为人民服务的原则，从人民群众的需求出发，以沂蒙红色文化为主题开展相关活动，对主流价值观和正能量进行传播，为沂蒙红色文化打造知名品牌。

第三节　场域理论视角下沂蒙文化传播

一、"场域—惯习"理论视角下沂蒙红色文化的生成

场域指的是在一定的社会空间之内可以由自身按照一定的原则自主运行。不同的场域可以存在于同一个社会空间之内，并且自身会按照一定的位置顺序构成一个网络或框架，这与社会学家布迪厄提出的"场域"概念一致。多个场域所存在的社会空间按照其特定的运行规则会自主地分化，并形成该场域固有的常规和逻辑。场域的形成与社会成员之间也有一定的关系，社会成员在进行社会实践时可以通过社会符号进行竞争，而社会成员在场域中的位置便是由符号竞争形成的。正因为社会空间、场域、社会成员及符号竞争之间的关系，所以场域才

能发挥自身独特的作用。

从对"惯习"的定义来看，它与"场域"有很多相似之处。布迪厄认为，社会成员在社会空间中，在场域的影响之下不是单独存在的，而是一种有意识、有精神属性、有情绪的存在物。在场域中，因为受到社会成员、符号关系等的影响，会形成一些约定俗成的规定和原则，社会成员会在无意识的状态下接受这些惯例或规定，就会产生一定的情绪情感，构成性情倾向系统。在场域中形成的这些系统与个体之间的关系是相辅相成的，既相互独立又相互依存，从而有效地作用于社会实践中，并对场域形成反作用。场域的作用是在外部环境中对个体产生作用，而惯习主要是对社会成员产生影响，这是社会结构内部和外部相互作用的表现。

沂蒙的红色文化正如上文提到的场域和惯习，分别是从物化形态和精神形态两个方面发挥作用的。就物化形态来看，沂蒙的红色文化特征主要体现在"人、事、物"三个方面，分别指向优秀的革命人物、经历的重大历史事件、革命先烈所使用的旧物、遗址等；精神形态层面指的是能够体现"人、事、物"三个方面的文化艺术作品，如书籍、书画、信件等。沂蒙的红色文化主要受到当地特殊的历史地位、地理环境、革命文化和特定的社会背景的影响，沂蒙的红色文化就让群众联合起来，在社会目标的指引下在沂蒙当地形成了一个特殊的抗战区域。沂蒙的红色文化就是在其社会空间中形成的场域，不同阶层的群众联合起来，为实现统一的革命目标而奋斗就是场域中性情倾向系统——惯习的形成，沂蒙红色文化中的逻辑、规定和原则都为民众投入到抗战中奠定了基础。新民主主义革命的社会实践在沂蒙的场域和惯习中发挥着举足轻重的作用，红色文化对革命的特征和本质做了规定，群众的抗战活动则体现了个体所形成的"惯习"，即在中华民族内忧外患的情况下，军民如同一家需要相互帮助和支持，从而能激发更多的群众自发地投入到民族抗战中，发挥场域和惯习的价值和作用。因此，在革命战争时代，沂蒙的红色文化已逐渐成为群众约定俗成、内化于心的精神特质。

二、场域理论视角下沂蒙红色文化传播面临的困境

经过历史长河的洗礼，经过时间的验证，可以发现沂蒙的红色文化已经成为我国传统民族文化中宝贵的财富，是社会主义核心价值观的重要组成部分。但在社会经济的快速发展过程中，在社会背景的发展和变迁之下，在抗战胜利之后经过土地改革、公有制改造等发展社会经济的方法之后，我国军民联合抗战的场域也随之发生变化，沂蒙的红色文化在延续和发展方面面临着困境，迫切需要找到能解决问题的方法。

相关数据显示，沂蒙红色文化的传播内容和传播方式主要有：通过开设旅游景点、建立影视基地、接待游客、对导游进行红色文化的培训等，同时还会通过影视剧等进行红色文化的传播，但这样的传播方式有一定的限制性：传播路径较窄、人群固定、范围有限等，对红色文化出现的背景、历史文化和民众的心理基础都没有给予太多的重视。因此，为了使沂蒙的红色文化顺利地延续和发展下去，就需要结合场域、惯习和实践三者之间的关系改变原有的传播路径和传播方式，继续发挥红色文化的积极作用。

三、"场域再造与重构"视角下沂蒙红色文化传播的路径

随着社会经济的快速发展，公众接受信息的方式发生了改变，这样在数字化发展背景下就形成了一个新的传播场域，群众对公开的信息参与度较高，能够快速、便捷地得到更多的信息，在这样的背景下难免会出现多个舆论场。由此可见，沂蒙红色文化的传播可以借助新媒体进行宣传，扩大红色文化的影响力，让更多的群众接受红色文化。

（一）场域再造与重构的技术路径

沂蒙的红色文化需要结合场域、惯习和实践三者对红色文化的传播开辟新的路径，可以对场域进行改造和重构，因此可以使用虚拟技术和现实技术相结合的方式在重现历史场景的情况下，让民众对沂蒙当地的革命现场身临其境地感受，并对其中的历史文化、革命任务和战争事件重现给群众，从而增强民众对红色文化的认同感，引发其情感共鸣，使群众能够自觉、自发、主动、热情地坚持中国共产党的领导，坚持军民一家亲的基本原则。通过对沂蒙红色文化这一场域的再造和重构，可以稳定群众的惯习心理，坚定群众对红色文化继承和传扬的决心。

（二）场域再造与重构的叙事路径

除了再造和重构沂蒙红色文化的技术路径外，还要对叙事路径进行改造。可以通过开展"讲好红色故事"系列活动传扬沂蒙的红色文化，这样可以在沂蒙形成一个新的场域，由于红色故事的主要人物是人，因此可以让群众成为红色文化的自发组织者、传播者和继承者，同时利用网络信息的优势，群众可以借助互联网在网络上发起"讲红色故事"的活动，从生活实践和网络信息两方面扩大传播范围，影响更多的群众，这样可以充分发挥红色文化的作用。沂蒙的红色文化不是空穴来风，它的形成是以具体的历史史料为背景的，再加上革命人物参与的历史事件，既体现了革命人物敢于奉献、不怕牺牲的精神品质，也展现出红色叙事的独特魅力。对沂蒙红色文化的叙事路径进行再造和重构其实就是借助群众的口口相传将红色文化传播给更多的人，如在讲述时可以加入动作、神态，将故事内容丰富化，或是讲述时在保证真实历史的情况下适当地加入一些修辞手法，这些做法的主要目的在于加强群众对红色文化的认同感，加强对红色文化的传播。

综上所述，对沂蒙红色文化的历史状况、面临的困境、发展趋势等内容可以采用布迪厄的"场域—惯习"理论进行解决，通过使用这样的理论，尽可能地激发公众的参与度、认同感和自主参与的热情，同时通过对沂蒙红色文化的技术路径和叙事路径进行再造和重构，利用现代科技技术还原当时的历史场景和历史任务，让群众在身临其境的环境中对当时的社会背景感同身受，坚定对红色文化继承和传播的决心，坚定中国共产党对群众的领导，从而加强群众对红色文化的传播。

第四节　沂蒙文化传播效率提升和
针对性的思考

鲜明的地域性是沂蒙红色文化最明显的特征，到目前为止，沂蒙红色文化主要涉及围绕大店镇展开的莒南红色文化区域，围绕孟良崮展开的战役纪念碑、纪念馆、战场遗址和革命烈士陵园文化区域，围绕夏蔚镇王庄展开的沂水红色文化区域、围绕马牧池展开的沂南红色文化区域及围绕大青山战斗遗址展开的费县红色旅游区等核心红色文化区，人们对沂蒙文化的传播主要通过红色文化资源旅游产业的开发来实现。

但是，红色文化的传播并不是一帆风顺的，它受到了有限的渗透力及诸多传播误区等因素的影响，因而传播效果并不理想。在公共传播的背景下，以传播学的视角来分析红色文化的传播，可以发现，单一化的传播主体、刻板性的传播内容、对人际传播方式的过度依赖及对象化的传播受众等问题十分严峻，而基于对以上不足和误区的分析，红色文化的传播效率和针对性能够得到显著提高，公众认可沂蒙红色文化的程度也会大大提升。

一、有效激发公众主体意识，鼓励多元主体参与传播

作为信息的发布者和接受者，公众对传播参与积极性和能力的提高在很大程度上受到不断发展的互联网影响。现阶段，以政府为主导的宣传部门和工作人员始终是沂蒙红色文化的主要传播主体，其他人员普遍缺乏参与传播红色文化的机会，"主体—客体"的传播模式始终处于基础性地位，简单来讲就是受到强势的传播主体、对象化受众的影响，传播主体始终存在单一化的问题，并且多元主体合力参与红色文化传播的现象十分严峻。随着公共传播时代的到来，公众参与传播的主动性和能动性得到了进一步强化，在传播红色文化的过程中有效激活公众的传播主体意识，不仅会出现不同传播节点的多元传播内容，更将奠定网状传播格局形成的坚实基础，使沂蒙红色文化的覆盖和影响范围得到有效提升。

调动多元传播主体对红色文化的传播积极性和创造性，可以有效突破政府主体的单一传播局面，使公众力量融为一体，从而丰富红色文化的内容。除了依托于红色旅游景区的人际传播和报纸、电视等媒介的传播方式之外，也可以对多元主体参与红色文化传播给予鼓励。作为两类重要的传播主体，普通公众和红色文化亲历者对红色故事有着较高的熟悉度，为此，就可以鼓励这两大群体从不同角度讲述和传播所掌握的红色故事，以确保传播影响力的提升。此外，作为红色文化的亲身经历者，他们所讲述的红色故事往往具有更强的说服力。随着时间的流逝，红色文化亲历者的整体数量也呈现出逐渐减少的状态，也就使得以口述或书面的形式来记录亲历者对红色文化的感受、理解和思考，并对此进行针对性研究，或者依托于新媒体平台直播等途径来记录红色历史文化，使亲历者的传播媒介作用得到切实发挥显得尤为必要。

二、不断创新传播内容，重视故事构建

沂蒙红色文化往往具有相对固定的传播内容，人际传播和大众媒体传播是主要的传播方式，但由于内容叙事视角缺乏多样性、内容更新速度较慢，所以红色文化信息传递的多样性和持续性被限制。人际传播的基础是景区红色文化实物场景，主要形式是一名导游向多名游客传输内容，尽管在公众接收信息上，这种方式发挥着重要作用，但由于内容固定化，因此公众在多次访问景区的过程中无法主动地获取新内容，互动性十分有限。而以电视、广播和报纸等传统媒体为媒介的大众媒体传媒，则可以通过平面广告、宣传片、新闻、影视等多种形式来完成红色文化的传播。

在新的背景下传播红色文化，应当重点强调以多重视角来建构故事，从而促进传承与认同文化价值的更快实现，进而引导公众更深入地理解和学习红色文化。历史是红色故事的主要题材，塑造人物性格与事迹是主要内容。与微观视角相比，宏观视角在这个过程中的出现频率更高，主要通过官方话语叙事体系的应用来体现。在刻画人物方面，宏观社会背景更加突出，受到刻板化故事模式、理想化人物的影响，重复化、套路化的红色故事并没有得到很好的传承，反而引起了公众的反感。现阶段公众普遍并不太关注"模式化""教条式"的教育题材，就是陈旧故事内容、单一故事脉络影响的必然结果。为此，就需要以不同的视角来深度挖掘沂蒙红色文化的内容，在尊重真实事件的前提下，通过升华内容来提升公众受感化的程度，进而激发公众参与红色文化传播的主动性、扩大红色文化传播的传播范围和影响力。

三、充分运用多元化渠道，扩大传播面

景区的场景化人际传播和大众媒体传播是沂蒙红色文化的主要传播方式，其中，人际传播方式在公众游览沂蒙文化故址中的应用，能够

引发公众对红色情景的想象与联想，但局限性在于对地域和实践的较高依赖，倘若公众无法亲身到达沂蒙红色故址，就无法接受内容传播。与之不同的大众媒体传播方式则在很大程度上摆脱了上述局限性，只需要依托大众传媒就可以高效地传播红色文化，但劣势就在于传播渠道的局限性，即只能通过报纸、广播和电视等渠道传播，缺乏使用新媒体的意识和能力。随着新媒体的快速发展，要充分发挥网络媒体平台的宣传功能，在创新传播内容的同时，打造综合应用多重媒介的网状传播格局势在必行。

互联网的发展改变了传播格局，时空概念的界限也在公共传播的影响下变得日益模糊，信息的传播者和接受者延伸到了每一个个体，这一趋势大大提升了多媒体形式（如音频、视频、动画、文字等）的传播速率。同时，新媒体的作用在传播红色文化的过程中发挥着重要作用，微信、微博、直播、VR技术等的综合应用，对于拓宽红色文化内容及元素的多重传播渠道具有重要意义。以微博传播渠道为例，其对红色文化的传播主要有组织传播和个体传播两种实现方式，其中，个体传播主要是公众个体主观能动性发挥的结果，个体可以利用微博平台围绕红色文化积极组织话题讨论和观点共享，组织传播则主要是由红色文化宣传部门组建的官方微博的作用结果，通过实时更新红色文化相关动态和信息来达到传播红色文化的目标。

现阶段，由于相关信息具有零散性，同时缺乏系统化的规划和互动，所以，以微博渠道来传播沂蒙红色文化的效果并不理想，这就需要充分调动微博用户，特别是经历者、战友、亲属、老乡等群体的积极性，来有效组织寻根活动和话题讨论。而以微信为途径来传播沂蒙红色文化时，要保障主题与社会化媒体要求的一致性，使微信公众参与社交化传播接力活动的积极性受到鼓舞，使公众的传播心理得到充分尊重，并为红色文化信息的多向流动营造双向互动、平等交流的氛围，最终实现红色文化认知度和渗透力的显著提升。此外，作为网络传播的重要形式，直播平台的突出优势在于实时、在线传播，不再受限于时空。VR技术在传播红色文化影像的过程中，可以构建虚拟真实的情境，使公众产生身临其境的体验感，从而在浓郁的历史氛围中加深对红色文化的体会、认知、理解和内化。

四、尊重公众认知规律，构建互为主体的传播关系

在沂蒙红色文化的传播过程中，传播主体和对象之间存在明显的"二元对立"关系，同时信息的反馈与互动始终处于较低水平，长此以往，这种基本特征越来越无法适应公共传播时代的现实要求，为此，就需要在充分尊重公众信息认知规律的前提下，建立传播内容与公众之间可持续性的、开放的、平等的互动关系，使公众的传播主体作用得到有效凸显和发挥，以传播内容与公众互为主体的"主体间性"传播关系的建立替换以往"二元对立"的关系。

传播主体意识的兴起是公共传播最突出的特征，而在多元主体参与传播的过程中，所有个体和群体的发声权利都得到了有效尊重。处于公共传播背景下和传播过程中的传受双方之间始终处于互为主体的"主体间性"关系中。从范式理念的角度来讲，沂蒙山红色文化要致力于搭建互为主体的平等关系，在对以往官方主体、模式、内容的单一化局面进行变革的同时，促进官方与公众之间信息循环关系的建立。

新媒体时代背景下，时空概念也在新式传播格局的影响下实现了重构，但也更凸显了红色景区人际传播方式的局限性和被动性，为此，对于沂蒙红色文化的传播而言，当下最要紧的问题就是提升沂蒙文化的渗透力和影响力。通过分解传播过程可知，若想实现沂蒙红色文化的更好传播，则要调动多元传播主体的参与积极性、提高传播内容的丰富性和多样性，在此基础上，需要借助多种媒介形式来建立传播主体与公众之间的"主体间性"关系，以增强沂蒙红色文化传播的渗透力。

参考文献

[1] 晨光.试论沂蒙文化的起源及东夷、中原文化的对立统一关系 [J].临沂师专学报，1993（04）：23-27.

[2] 管明龙，李冬阳，赵业辉.全媒体时代沂蒙红色文化创新推广研究 [J].中共太原市委党校学报，2020（04）：65-66.

[3] 韩延明.沂蒙文化生成与演进的历史分期摭探 [J].山东师范大学学报（人文社会科学版），2015，60（01）：49-62.

[4] 侯振岩.沂蒙文化及其内涵 [J].临沂师专学报，1999（04）：31-32.

[5] 李凌凌.社会化传播背景下舆论场的重构 [J].中州学刊，2016（09）：160-163.

[6] 李维蹈，张晓飞，丁春成，等.沂蒙红色文化研究 [J].中国民族博览，2018（01）：205-207+210.

[7] 刘雪.沂蒙红色文化研究综述 [J].科学咨询（科技·管理），2019（01）：45-46.

[8] 刘英华.沂蒙文化的起源与东夷中原文化的关系 [J].山东社会科学，1993（02）：88-89.

[9] 王爱智.沂蒙红色文化的当代价值及其实现研究 [D].曲阜：曲阜师范大学，2013.

[10]王春华.沂蒙儒学史[M].北京：中央文献出版社，2012：485.

[11]王维杰.沂蒙红色文化资源的开发利用[J].中国资源综合利用，2015，33（03）：60-63.

[12]许如贞.沂蒙文化的阶段划分与不同阶段的文化特征[J].临沂师范学院学报，2003（04）：20-23.

[13]许如贞.沂蒙文化简论[J].临沂师范学院学报，2002（04）：50-53.

[14]杨勇民.沂蒙文化形态论[J].重庆三峡学院学报，2013，29（04）：41-46.

[15]张磊.沂蒙红色文化的时代价值研究[D].长春：长春理工大学，2021.

[16]张运晓.全媒体背景下的沂蒙红色文化传播研究[D].济南：山东师范大学，2019.

[17]赵凤霞.传承沂蒙文化推动沂蒙老区创新发展[J].智库时代，2020（01）：7-8.

[18]赵焱岩.临沂红色文化的传承研究[D].济南：齐鲁工业大学，2020.

[19]郑晓迪.场景化时代沂蒙红色文化的传播[J].青年记者，2017（35）：32-33.

[20]郑晓迪.场域理论视角下沂蒙红色文化传播路径[J].青年记者，2018（14）：22-23.

[21]郑晓迪.提升沂蒙红色文化传播效率和针对性的思考[J].中国报业，2017（17）：80-81.